저도
창업할 수
있을까요?

저도 창업할 수 있을까요?

예비 CEO를 준비하는 3040 직장인 가이드북

초 판 1쇄 2025년 02월 26일

지은이 김윤환
펴낸이 류종렬

펴낸곳 미다스북스
본부장 임종익
편집장 이다경, 김가영
디자인 윤가희, 임인영
책임진행 안채원, 이예나, 김요섭, 김은진, 장민주

등록 2001년 3월 21일 제2001-000040호
주소 서울시 마포구 양화로 133 서교타워 711호
전화 02) 322-7802~3
팩스 02) 6007-1845
블로그 http://blog.naver.com/midasbooks
전자주소 midasbooks@hanmail.net
페이스북 https://www.facebook.com/midasbooks425
인스타그램 https://www.instagram.com/midasbooks

ⓒ 김윤환, 미다스북스 2025, *Printed in Korea.*

ISBN 979-11-7355-097-3 03190

값 20,000원

🏃 **미다스북스**는 다음세대에게 필요한 지혜와 교양을 생각합니다.

예비 CEO를 준비하는 3040 직장인 가이드북

저도
창업 할 수
있을까요?

김윤환 지음

미다스북스

저도 창업할 수 있을까요?

Step 1.
고민

Step 2.
방향설정

- 창업을 해야 하는 이유와
  확신 확인
- 창업에 대한 관심을 높여
  간접적 경험

- 창업의 재인식 및 마인드셋
- 창업의 세부적 계획 수립

Step 4.
분석

Step 5.
구체화

- 시장과 고객의 깊은
  이해를 위한 세분화 전략

- 정교한 논리로 실패를
  회피하는 사업 아이템 설계

- 고객과 시장의 문제 인식
- 근원적인 문제인식을 통한
  솔루션 도출

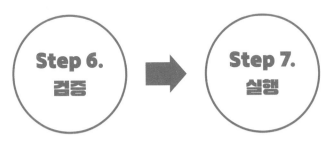

- 고객을 만나며 묻고 배우기

- 창업을 위한 보유 자원 확인
- 사업 로드맵 설계
- 사업계획 추진

Prologue

'창업은 누군가의 경험으로 배울 수 있을까?'

이 질문이 책을 쓰게 된 시작이었다. 창업의 성공과 실패를 가른다는 것은 단편적인 운이나 자금, 시기의 문제만이 아니라고 생각되었다. 그렇다면 창업의 경험이 전혀 없는 이들도, 다른 이들의 경험을 보고 들음으로써 창업의 본질을 이해하고, 자신의 미래를 차근차근 설계할 수 있지 않을까?

매년 여름 기온이 최고치를 기록하듯, 취업 시장의 문턱은 점점 더 높아지고 있다. 고용 없는 저성장, 경기 침체 및 최신 기술로 인한 일자리 감소, 끝없는 구조조정…. 직장인 10명 중 8명이 고용 불안을 느끼는 시대에 살고 있다. '회사를 그만두고 창업이나 할까?' 하루에도 수십 번 이러한 생각이 스치지만, 실행으로 옮기지 못하는 이들이 많다.

한편 SNS에 넘쳐나는 성공 신화는 불안한 직장인의 마음을 흔든다. 한 달에 천만 원 또는 그 이상의 수익을 창출한다는 이들의 검증되지 않은 이야기가 끊임없이 피드를 채운다. 누구나 쉽게 좋은 사업을 시작할 수 있다면 레드오션이거나 허상일 수밖에 없다. 2023년 기준 연간 폐업 건수 100만 건이라는 차가운 통계가 이를 증명한다.

2025년 기준 정부의 창업지원 예산은 15조 원. 창업 지원 제도와 인프라는 그 어느 때보다 풍성하다. 하지만 이는 양날의 검이 되었다. 창업 지원 사업, 교육, 컨설팅이 넘쳐 나고 있으나, 성공한 창업자는 쉽게 나타나지 않는다. 창업 시장은 커졌으나 오히려 창업의 본질을 찾기가 어려워졌다. 진정한 창업의 성공을 위해서는 자금이나 시설, 인프라 지원을 넘어 근본적인 문제 이해와 대안, 분석이 매우 중요한데도 말이다.

이 책의 주인공은 이러한 시대의 한가운데 있다. 지나치게 완벽한 계획을 추구하는 나도한과 과거의 후회에 발목이 잡힌 제대호, 이들의 이야기는 창업을 꿈꾸는 모든 직장인의 자화상이기도 하다.

나도한은 성공을 추구하는 30대 중반의 직장인이다. 2020년 2월, 야근을 위해 혼자 쓸쓸히 회사 근처 식당에 들렀다가 코로나19에 감염된 확진자가 되었다. 초기 감염자라 동선이 공개되었는데 '집→회사→집→회사'의 단조로운 일상이 회자하기도 했다. 많은 이들에게 연민을 자아냈지만, 회사와 일을 사랑했던 열정적인 직장인이었다. 그랬던 그가 불현듯 퇴사병이 도졌다. 회사와 함께 성장하는 핵심 인재로서 미래를 꿈꿔 왔으나 더 이상 나아갈 수 없는 한계를 느꼈다. 경영의 어려움을 겪고 있으나 해결할 의지가 없는 회사를 보며, 그의 답답함과 불안감은 커졌다. 그동안 꿈을 키웠던 회사를 박차고 자신만의 꿈을 펼치고 싶었다. 하지만 창업에 대한 명확한 방향이 보이지 않았다. 그 어떤 도전도 하지 못하고 아쉬운 마음만 달랠 뿐이다. 하지만 어쩔 수 없이 하루하루를 버티는 회사 상사처럼 단조롭고 수동적인 삶을 이어 가고 싶지 않았다. 그가 펼칠 사업의 선명한 실체를 볼 수 있다면, 추상적임과 모호함을 걷어 낼 수만 있다면 당장이라도 창업의 바다에 뛰어들고 싶었다. 그 어떤 행동도 할 수 없었던 그는 제대호를 만나며 창업의 길을 향해 한 걸음씩 내딛게 되었다.

제대호는 대기업 신규사업팀의 그룹장이었다. 다양하고 많은 프로젝트를 성공적으로 이끌며 그 누구보다도 빠르게 성장하였다. 몇 년 사이 기술의 발전은 기회가 아닌 위기가 되었다. 금융산업 규제와 경쟁사의 성장 속에서 그가 함께한 사업부는 분리되었으며, 결국 다른 핀테크 기업에 흡수되고 말았다. 실패의 책임을 고스란히 안게 된 그는 이제 후배의 회사에서 비상근 임원으로 일한다. '스타트업 C레벨(C-Level)[1]로 재기했다.'라는 소문이 자자했으나 실상은 초라할 뿐이

---

1 주로 스타트업에서 경영진을 뜻하는 호칭으로, 각 부문의 최고 책임자를 지칭한다. 일반적으로 CEO(Chief Executive Officer, 최고경영자)를 비롯해 이사, 임원, 또는 책임자로 불리는 CFO(Chief Financial Officer, 최고재무책임자), CTO(Chief Technology Officer, 최고기술책임자), COO(Chief Operating Officer, 최고운영책임자), CMO(Chief Marketing Officer, 최고마케팅책임자), CSO(Chief Strategy Officer 또는 Chief Security Officer, 최고전략책임자 또는 최고보안책임자) 등이 있다.

다. 영업이나 경영 자문에 그치며 공유 오피스 한쪽의 칸막이도 없는 좁은 책상이 자신의 현주소이기 때문이다.

'왜 그토록 회사에 충성했을까? 왜 나의 길을 찾지 못했을까?' 자신에게 되물을수록 후회만 깊어졌다. 새로운 도전을 하기에 가장으로서의 책임감과 무게가 그의 발목을 잡는다. 한 해 두 해 지나갈수록 몸은 더 빨리 지치고, 두 눈은 침침해지고 흐려진다. 그런 그가 우연히 만난 나도한에게서 자신의 젊은 시절을 발견한다. 자신처럼 아쉬운 판단을 내리지 않길 바라는 마음으로, 그의 꿈을 키워 주며 자신이 배우고 깨달은 창업 방법론을 증명하고 싶었다.

이 책은 나도한과 제대호의 만남을 통해 창업에서 놓칠 수 있는 본질을 이해하고 알아 가는 여정을 담았다. 이들의 대화와 고민, 실패와 도전을 보며 간접적으로나마 창업에 이르는 과정을 경험할 수 있을 것이다. 다소 공감하기 어려운 화려한 성공 신화나 막연한 동기부여는 우리에 도움이 되지 않는다. 그리하여 실질적인 사업의 로드맵을 그려 가는 이야기를 들려주고 싶었다.

작가 파울로 코엘료는 "세상은 각자의 전설을 실현하려는 사람을 돕는다."라고 했다. 창업 역시 마찬가지다. 자신만의 전설을 써 내려 가려는 이들에게, 세상은 예상치 못한 방식으로 도움의 손길을 내밀곤 한다. 하지만 그 도움을 알아보고 잡을 수 있으려면 먼저 자신의 전설이 무엇인지를 명확히 알아야 한다.

　나도한과 제대호의 이야기는 단순한 창업 성공담이 아니다. 그들의 대화 속에는 깊은 철학적 통찰이 담겨있다. 창업가이자 투자자인 피터 틸은 '시간이 흐른다고 미래가 되지는 않는다.'라고 했으며, 피터 드러커는 '변화를 탐구하고 변화에 대응하며, 변화를 기회로 이용하면 기업이 생존한다.'라고 하였다. 이처럼 창업은 단편적인 수익 활동이 아닌 꿈을 향해 전진하는 도약으로 볼 수 있다.

　때로는 실패할 수도 있다. 창업의 길에서 마주치는 좌절과 실패도 결국은 자신의 운명을 찾아가는 과정일 수 있다. 이 책은 당신의 여정에 작은 등불이 되고자 한다. 나도한이 그토록 찾았던 '선명한 실체'를 함께 발견하고 제대호가 겪었던 뼈아픈 교훈을 공유하며, 창업이라는 미지의 바다를 항해하는 데 필요한 지도를 그려 나가고자 한다.

　'모든 위대한 여정은 낯선 길에서 시작된다.'라는 말처럼, 당신의 창업 여정도 이 한 권의 책에서 시작될 수 있다. 그리고 그 여정이 끝날 때, 당신은 평범한 창업가가 된 것이 아니라 자신만의 전설을 써 내려간 모험가가 되어 있을 것이다.

목 차

Step 1 ——— 고민

불현듯 찾아온
창업의 유혹

누구나 한 번쯤은 직장을 벗어나 창업을 꿈꾼다.
창업에 뛰어들겠다면, 겸손함을 반드시 기억하라.

1.

도대체 여기가 어디인가?

자기관리에 충실했던 나도한은 술자리를 즐기지만, 다음 날 컨디션을 생각하여 과음하지 않는다. 술이 부족하니 더 마시자며 2차, 3차까지 붙잡는 친구, 직장 상사, 동료, 후임과는 거리를 두곤 했다. 하지만 오늘은 회사의 흉흉한 소문과 심상찮은 분위기에 회사 동료들과 오랫동안 술을 마시며 이야기를 나눴다. 동료들과 술자리는 조용하고 차분했으나, 한숨 섞인 푸념과 걱정이 이어졌다. 이커머스 시장의 치열한 경쟁 가운데 선두 주자로 자리매김한 경쟁사와 중국발 온라인 쇼핑 플랫폼이 무섭게 확장되고 있었다. 반면 그의 회사는 매출액 급감과 낮은 영업이익의 늪에 빠지고 말았다. 그렇다 보니 지원부서와 일부 사업부의 축소가 이루어졌고 이에 부서원 모두가 심란하다.

이곳이 어떤 곳인가? 그가 대학생 때부터 간절히 입사를 바랐던 회사였다. 회사 평판, 근무 여건, 연봉 및 복지는 대기업과 비교하여 부족함이 없었다. 무엇보다 그의 대학 시절, 대표의 초청 강연에 우연히 참석하게 되었고 대표자의 포부와 도전 정신에 매료되었다. 취업 재수 끝에 힘겹게 입사에 성공하여 그에게 많은 의미가 있다. 그런 까닭에 실력을 인정받기 위해서 남보다 몇 배를 열심히 일했다. 그랬던 회사가 최근 매출액이 2년 연속으로 줄어들면서 임원뿐만 아니라 구조조정 대상이 전체 직원으로 확대될 것이라는 소문이 나돌았다.

급하게 술을 많이 마셔 혀가 꼬이고 얼굴이 빨개진 최 대리가 말했다.
"과장님은 아무리 회사가 어려워도 그 누구도 손대지 않을 거예요. 그동안 우리 회사를 위해 쏟아부었던 열정과 성과를 계산하면 오히려 연봉을 더 높여야 할 거예요. 제일 불안한 사람은 접니다. 제 코가 석 자네요. 이직한다고 해도 지금보다 좋은 조건은커녕 더 불리해지는 게 보이네요."

얼굴에 근심이 깊게 드리워진 강 과장도 나도한을 격려했다.
"나 과장은 그동안 실력도 인정받았고, 자기계발을 꾸준히 했던 터라 지금 회사보다 훨씬 더 좋은 조건으로 갈 수 있을 거야. 여기 있는 사람 중에 세상 걱정 없을법한 사람이 제일 많이 처져 있잖아. 그러지 말고 우리 모두 다 같이 힘내 보자고."

몇 번의 위험 징후가 보였으나 회사는 이를 극복할 노력도 하지 않앉으며, 이겨 낼 전략도 없었다. 이렇게 회사가 위기에 빠지고 구성원이 동요하는데, 언제 실현될지 모르는 투자 유치나 모회사의 증시 상장 소식만 애타게 기다리는 듯하다. 그사이 주요 리더급의 이직과 이탈이 있기도 했다. 하지만 여전히 대표이사는 물론 재무이사, 전략이사 등 주요 C레벨은 그 어떤 대응도 하지 않는 것처럼 보였다. 전 직원에게 회사의 위기 극복을 위한 계획, 미래를 위한 비전을 명확하게 제시해 준다면 그들이 느끼는 불안은 해소될 수 있었다.

하지만 이 같은 기대도 나도한에게 부질없다. 회사의 미래 먹거리 사업으로 제안된 신규 사업에 대해 실망한 일이 있었다. 사실 그가 관심이 있었던 신규 사업인 소상공인 교육 플랫폼은 대표이사의 학연과 지연으로 엮인 인사가 내정되었다는 소문이 나돌았기 때문이다. 경쟁사에서 몇 번이나 대형 프로젝트를 실패한 인물을 데려오려 하다니, 회의감과 무기력함이 밀려왔다. 평생직장으로 생각했던 그의 마음은 떠나갔다. 이제는 희망도 정도 남아 있지 않았다.

직장 동료의 칭찬과 격려를 듣고도 그의 마음은 불안했다. 이직하더라도 그의 성장을 위한 갈증과 불안한 미래의 긴장은 해소될 수 있을까? 직장 동료와 함께 술을 많이 마시고도 집으로 가는 길에 혼자 술집을 찾은 나도한. 최근 그가 술을 많이 마시는 이유는 새벽 2~3시가 되면 악몽을 꾸고 두근거리는 가슴으로 잠에서 깨는 날이 많아졌기 때문이다. 한번 잠에서 깨면 쉽게 잠들지 못해 다음 날 컨디션이 엉망이 되곤 했다. 어떤 날은 베개와 매트리스가 축축할 정도로 식은땀을 흘리곤 했다. 차라리 술에 취하면 깊고 편히 잠들 수 있었다.

　꿈과 과거의 열정을 떠올리며 술잔을 비우다 보니 어느 순간 정신이 흐려졌다. 비틀거리는 몸을 힘겹게 일으켜 술집을 나섰다. 그날따라 집으로 가는 길이 무척 낯설게 느껴졌다. 몸도 제대로 가누지 못한 채 집을 향해 힘겹게 걸어갔다. '어디로 가야 하나?' 불빛과 간판 글씨가 여러 겹으로 흩어져 보였다. 분명 가야 할 길이 있으나 눈앞에 펼쳐진 장면은 흐리기만 할 뿐 그 어떤 선명한 실체는 보이지 않았다.

2.

멘토와의 만남으로
갈증을 해소하다

나도한은 회사가 불안하고 자신의 미래가 불투명하더라도 믿고 의지할 수 있는 존재는 자신의 마음가짐이라고 생각했다. 물론 바쁜 직장생활과 다양한 돌발 업무, 때로는 의미 없는 프로젝트에 번아웃의 위기가 오기도 했다. 하지만 자신을 놓지 않고 꾸준히 자기계발을 이어 갈 수 있었던 이유는 성장에 대한 강한 욕구가 있었기 때문이다. 아무리 피곤하더라도 매일 5시에 일어나 소위 '미라클 모닝'을 실천했다. 가벼운 세수를 하고 명상, 짧은 글쓰기 및 독서를 마치고 동네 한 바퀴를 달렸다. 알찬 아침 루틴을 실행하고도 평범한 직장인보다 1시간 정도 빠르게 출근 준비를 끝냈다.

지난 학기에는 석사학위 과정을 마쳐서 주말은 더 많은 여유가 생겼다. 그래도 여전히 자기계발에 더욱 분주하다. 온라인 교육 플랫폼에서 결제한 동영상 강의를 3시간 이상 수강한다. 주로 데이터 분석과 관련된 '파이썬', 노코팅툴, AI뿐만 아니라 '피그마(Figma)'와 '캔바 (Canva)'도 꾸준히 연습하고 있다.

그렇게 지식과 역량의 알곡을 채워 가지만, 이를 어디에 활용할 수 있을지 가끔 회의감이 밀려오기도 했다. 예전에는 그가 가진 노하우로 회사의 문제를 해결하여 돋보였던 적이 있었다. 하지만 최근에는 새로운 일을 도전하지 않는 회사 분위기에서 그의 숨겨 둔 역량이 전혀 활용되지 못하고 있다. 하지만 그는 자기계발을 멈추지 않았으며 역량 강화를 위해 책, 강의, 세미나 등에 지출한 비용이 연간 300만 원을 훌쩍 넘었다. 회사가 불안할수록 자기계발의 강도는 강해졌고 틈날 때마다 한국산업인력공단에서 주관하는 관련된 자격증을 확인하기도 했다. 이러한 노력에도 알 수 없는 불안감은 여전히 사라지지 않았고, 성장을 위한 갈증은 해소되지 않았다.

머릿속이 복잡하고 답답할 때면, 잠시나마 평온을 찾기 위해 책을 읽었다. SNS나 유튜브에서 추천하는 도서는 가리지 않고 읽었지만, 여러 책을 빠르게 많이 읽다 보니 감동과 깨달음은 예전처럼 크게 느껴지지 않았다. 어느 순간 책 읽기가 형식적인 습관이 되어 버렸고, 독서에 대한 회의감이 밀려왔다. 짧은 시간에 많은 책을 읽으려는 속독 습관 때문일까? 친구의 조언을 듣고, 자기계발에 관심 있는 사람들로 이루어진 독서 모임에 참여하기로 했다.

첫 독서 모임, 토론에 앞서 참여자의 자기소개 시간이 있었다. 성별과 나이를 떠나 모두 열정적이고 대단한 분들이 모인 듯했다. 자신들이 이루고자 하는 삶의 방향과 계획, 목표가 명확했다. 특히 목표를 달성하기 위한 그들만의 활동과 경험이 신선했다. 그 중 40대 중반으로 보이는 한 분이 눈에 띄었다. 그는 유명 스타트업인 ○○에 근무하고 있으며, 사업 인사이트와 스타트업의 조직문화에 관심이 있어서 독서 모임에 참여했다고 했다. 독서 모임 참여자 중에 나도한도 그나마 상대적으로 나이가 많은 축에 속했는데 그를 보며 위안을 삼았다. 한편 차별화된 아이디어 상품을 기반으로 급성장하고 있는 기업에서 일하는 그가 궁금했다. 그의 이름은 제대호, 첫 독서 모임이라 회원들과 저녁을 함께하는 자리에서 나도한은 그와 이야기를 나눌 기회가 있었다.

나도한의 맞은편 테이블에 앉으며 그가 먼저 말을 건네왔다.
"토론 중에 사업 기회 포착에 관한 이야기를 하셨는데, 신규 사업에 관심이 많으신가 보네요. 저도 예전 회사에서 신사업 프로젝트를 맡은 경험이 많습니다. 기업에서 추진하는 신규 사업에 대해 궁금하시거나 필요한 내용이 있으시면 언제든지 이야기 주세요."

나도한은 그가 어떤 사람인지 궁금했던 찰나에, 먼저 다가왔기에 반갑게 인사를 했다.

"최근 회사뿐만 아니라 제가 속한 사업부가 조금 어려워졌습니다. 이를 극복하기 위해 회사에서는 신규 사업을 추진하려고 하는데 어려운가 봅니다. 회사가 불안하니 사람도 이탈하고 동력도 상실했네요. 투자도 여의찮아 신규 사업 추진도 쉽지 않겠더라고요. 무엇보다 신규 사업에 관심이 많아서 제게 기회가 주어진다면 정말 최선을 다하고 싶네요. 하지만 신규 사업과 관련된 일을 할 수 있는 계기가 없으니 아쉬울 뿐입니다."

처음 본 이에게 회사의 어려움을 여과 없이 이야기를 해버려 나도한이 민망한 표정을 지었다. 그런 그의 이야기를 듣고 있던 제대호의 머릿속에는 자신이 회사에서 겪었던 한 장면이 스치고 지나갔다.

"네, 그래요. 그동안 기술 발달과 시장 변화로 많은 기업이 기회를 찾고 빠른 성장을 일구어 냈지요. 반면 급격하게 변모하는 환경에 대응하지 못하면 속수무책으로 주저앉을 수 있어요. 제가 있던 회사에서도 신규 사업의 어려움이 있었습니다. 사실 ㅇㅇㅇㅇ에서 10년 넘게 근무하다가 자회사로 분리되고 곧 ㅇㅇ에 합병되었지요. 여러 사정으로 얼마 후에 퇴사하였답니다."

예상외의 제대호의 이력에 놀란 나도한은 몸을 앞으로 끌며 제대호에게 말했다.

"전 아까 소개 말씀을 듣고 유명한 스타트업의 창업 멤버인지 알았네요. 그래서 사실 창업에 대해서 여쭤보려고 했거든요."

　그가 창업에 관심이 있다는 이야기에 제대호의 눈빛이 흔들렸다. 창업이라면 그에게도 항상 잊히지 못한 채 늘 머릿속에 머무르는 키워드이기 때문이다. 창업은 그에겐 후회로 가득하다. '난 왜 과거에 매여 살아갈까? 지금이라도 시작해 볼까?' 매번 그렇게 고민만 하다가 다시 원점으로 돌아오곤 만다. 그동안 많은 이들의 창업을 도와줬지만 정작 자신이 꿈꾸어 왔던 사업에 대한 욕구와 갈망은 해결되지 않았다. 그러던 중 문득 그를 도와주고 싶다는 생각을 했다.

　제대호는 그를 오늘 처음 만났으나, 그의 태도가 마음에 들었다. 사실 오늘 독서 모임과 사람들이 실망스러웠다. 다른 회원의 이야기를 귀담아 끝까지 듣지 않고 스마트폰을 만지거나 노트북에서 무언가를 하는 이가 있었다. 다른 의견이 있으면 중간에 말은 끊고 자신의 이야기를 하려는 회원이 몇 명 보이기도 했다. 하지만 그는 끝까지 경청하는 모습을 보였다. 논쟁에 끼어들지도 않고 자신의 발언을 최대한 아꼈다. 독서 모임 리더가 그에게 의견을 물었을 때, 그제야 그는 논의 내용에 대하여 간결하면서 뾰족하게 대답했다. 아직 젊기에 사회생활도 짧다고 생각했지만, 사업을 바라보는 관점에 내심 놀랐으며 겸손과 장점이 많은 사람으로 생각했다. '그런 그가 창업에 관심이 있다니?' 왠지 그에게 도움을 주고 싶었다.

오랫동안 사회생활을 하며 많은 사람을 겪어 본 제대호, 그는 분명 괜찮은 사람이라고 확신했다. 그런 직감을 바탕으로 그에게 질문했다.

"창업에 관심이 있으신가요? 다들 창업에 관심이 있다고 하면 보통 무슨 사업을 어떻게 할지 다들 물어볼 겁니다. 저도 마찬가지로 궁금하여 묻게 되네요. 준비하고 있는 사업 아이템이랑 계획이 있으신가요?"

나도한은 머쓱한 표정으로 부끄러운 듯이 대답했다.

"맞습니다. 창업에 관심이 많이 있으나, 아직 무엇을 해야 할지 구체적인 사업 아이템은 떠올리지 못했습니다. 독서 모임에 참여한 이유도 사업 아이템을 찾는 혜안과 기회를 찾고자 했지요. 그동안 구체적인 사업 계획이 없다 보니, 진도는 안 나가고 항상 고민만 하게 되네요."

제대호는 미소를 머금으며 그의 이야기에 고개를 끄떡였다. 많은 창업가를 만나면서 그의 마음을 이해했으나 한편으로 안타깝게 생각했다. 수많은 창업 사례를 지켜봤지만, 성공한 창업가는 매우 드물었다. 다양하고 많은 예비 창업가를 만나며 배운 사례와 확신에 비추어서 그렇게 준비하는 창업은 시작은 물론 성공하기 어렵다는 점이다.

그를 도와주고 싶었던 제대호는 명함을 건네며 말했다.

"주로 신규 사업에 참여하였으나 나중에는 창업을 직간접적으로 경험했습니다. 신규 사업이나 창업의 본질은 크게 다르지 않더라고요. 그런 경험으로 예비·초기 창업가분들에게 도움을 드리기도 합니다. 이번 독서 모임처럼 저도 기회가 있으면 스타트업 분들이나 여러 부문의 전문가, 투자자와 이야기를 나누면서 많이 배우고 있고요. 나도한 님이라고 하셨죠? 도한 님도 혹시 창업을 준비하고 싶거나 고민이 있으면 편하게 연락하세요."

그의 표정에서 자신감이 느껴졌다. 처음 본 느낌과 달리 적극적인 그를 다시 보게 된 나도한은 넙죽 고개를 숙이며 두 손으로 물잔을 들고 건배를 제의하는 자세를 취했다.

"그동안 제가 제일 궁금했고 답답했던 고민인데요. 창업과 관련하여 도움을 받을 수 있는 분을 알게 되었다니 오늘 독서 모임에서 얻은 가장 큰 수확이네요. 생각이 있거나 준비가 되면 꼭 연락드리겠습니다."

제대호도 그의 반응에 웃으며 건배하듯 물잔을 치며 다음 만남을 기약했다.

"창업은 매우 위험 확률이 높은 도전이니 성급하게 준비하면 안 됩니다. 하지만 두려워하지 말고 차근차근 준비하면 실패 확률은 낮출 수 있습니다. 앞으로도 독서 모임에서 자주 뵐 테니 볼 때마다 안부 인사 나누시지요."

나도한은 안도의 한숨과 고개를 숙이며 말했다.

"부족하지만 잘 부탁드리겠습니다!"

3.

가지 않은 길을 나서다

독서 모임 이후 나도한은 창업 생각이 간절했다. 창업을 꿈꾸는 수준에서 그치지 않고 반드시 창업을 해 보겠다고 결심했다. 어디서부터 무엇을 시작해야 할지 갈피를 잡을 수 없었으나 제대호를 만나며 자신감을 얻었다. 창업을 향한 뜻을 품었으니, 창업과 관련된 생태계와 배경지식을 알고 싶었다.

주말에는 대형서점에서 창업을 다룬 책들을 둘러보고 블로그와 브런치에서 추천하는 창업과 관련된 추천 도서를 찾아 구매했다. 출퇴근 시간은 최신 스타트업 이슈 및 사업 정보를 제공하는 유튜브 채널을 구독하여 보고 들었다. 또한 스타트업 종사자들이 모인다는 커뮤니티와 SNS에서 활동하는 소위 창업계의 셀럽을 팔로우해서 정보와 이슈를 챙겨 보았다. 한 달 남짓 사업 또는 창업과 관련된 서적, 커뮤니티, 온라인 콘텐츠를 살펴보니 그들의 용어도 익숙해졌고 창업가의 문화를 느낄 수 있었다. 짧은 시간이지만 집중하여 창업과 관련된 정보에 빠져들다 보니 대부분의 창업 콘텐츠의 주제가 반복되어 소개되고 내용도 큰 차별성 없이 거기서 거기라는 생각이 들었다. '이제 나도 한번 창업에 도전해도 괜찮지 않을까?' 자신감을 넘어 자만감이 들기도 했다.

한편 퇴사를 고민하고 창업을 꿈꾸는 직장인이라면 한 번쯤 흔들릴 너무나도 달콤한 유혹도 알게 되었다. 창업 계획이 있는 예비 창업자가 받을 수 있는 다양한 지원 정책을 자세히 알아보았다. 하지만 이처럼 지원사업이 좋다고 하여 무작정 회사를 그만두고 지원 프로그램의 혜택을 받고 싶지 않았다. 아니면 회사에 다니면서, 업무에 집중 못 하고 투잡처럼 창업을 하는 것도 그의 원칙과 맞지 않았다. 또한 이렇게 좋은 지원사업이 다양하게 있음에도 '왜 수많은 기업이 성공하지 못하고 폐업하는 것일까?' 의문스러웠다. 기업의 성공 사례나 단편적인 이론에 기반한 창업 지식에 기대어, 직장을 박차고 나와 창업에 나설 수만은 없었다. 창업에 대한 의지와 고민이 깊어질 때 나도한은 다음과 같은 원칙을 정했다.

첫째, 직장을 다니며 필사적으로 창업을 준비하겠지만 절대 회사 업무에 부정적인 영향을 미치거나 방해가 되지 말아야 한다.
둘째, 직장인에게 저녁 일과는 업무 또는 회식 등 다양한 변수가 존재한다. 따라서 창업 준비는 자기계발 시간으로 배분한 새벽 시간과 퇴근 이후 시간, 주말을 활용한다.

셋째, 시간을 줄이고 효율성을 높인다. 이를 위해 도움을 받을 수 있는 분에게 조력을 받되, 상대방에게 부담과 피해를 주면 안 된다.

갑자기 창업가가 되고 싶어 몸이 근질근질한 충동을 느꼈지만, 제대호의 조언대로 절대 성급하게 결단하지 않고 차분히 준비하기로 했다. 신중하지만 효율적인 방법을 찾아보기로 한 것이다. 독서 모임 하루 전, 나도한은 제대호의 명함을 찾아 문자 메시지를 보냈다.

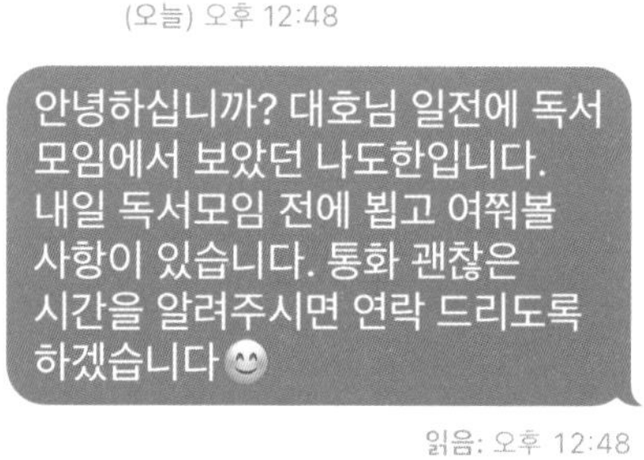

(오늘) 오후 12:48

안녕하십니까? 대호님 일전에 독서 모임에서 보았던 나도한입니다. 내일 독서모임 전에 뵙고 여쭤볼 사항이 있습니다. 통화 괜찮은 시간을 알려주시면 연락 드리도록 하겠습니다 😊

읽음: 오후 12:48

그림 1 나도한의 첫 연락

나도한의 문자를 받은 제대호는 주저하지 않고 응답 문자를 보냈다. 언젠가는 그에게 연락이 올 것으로 예상했던 터라 고민 없이 약속 시간과 장소를 정했다. 독서 모임 전에 인근 카페에서 만나기로 했다. 제대호가 이루지 못한 꿈, 그를 통해 실현해 보겠다는 생각에 제대호도 각오를 다졌다. 자신이 가진 창업 방법론과 노하우를 시장에서 검증할 기회를 찾은 것이다.

독서 모임 1시간 전에 미리 만난 그들. 나도한은 노트북과 전원 케이블 등을 주섬주섬 꺼내며 제대호에게 인사했다.

"갑작스러운 연락에도 흔쾌히 시간 내어 주셔서 고맙습니다. 전화로 간략하게 이야기해 드렸듯이 그동안 혼자 창업 이슈와 생태계를 살펴보았습니다. 다양한 책과 정보를 보면서 한번 멋진 창업을 준비하고 싶다는 생각을 가졌습니다만 실전은 다르겠죠? 정말 쉽지도 않을뿐더러 제대로 된 창업 프로세스와 다양한 경우의 수에 대처할 수 있는 역량이 매우 중요할 것 같더라고요. 전에 관련된 말씀도 주셨고 앞으로 도움을 받을 수 있다면 좋겠다고 생각했습니다. 괜찮으시다면 대호 님의 조언을 부탁드립니다."

공손한 그의 인사에 제대호도 환하게 웃으며 대답했다.

"저는 창업하라고 절벽에서 등 떠미는 사람은 아니지만 제대로 창업을 하겠다는 사람은 도와줍니다. 페이팔 마피아[2]이자 링크드인 창업

---

2 미국 창업 생태계에 큰 영향을 끼친 페이팔 마피아(PayPal Mafia)는 페이팔 출신 기업가들로 이루어진 강력한 네트워크를 뜻한다. 주요 인물로는 일론 머스크, 피터 틸, 리드 호프만, 데이비드 삭스, 맥스 레브친, 채드 헐리, 스티브 챈 등이 있다. 이들은 페이팔에서 쌓은 자산과 명성, 그리고 네트워크를 바탕으로 창업과 벤처 투자뿐만 아니라 인공지능(AI), 혁신 기술, 산업, 정치 등 다양한 분야에서 막대한 영향력을 발휘하고 있다.

가로 알려진 리드 호프먼이 한 말이 떠오르네요. 그보다 먼저 말한 다른 분이 있다고도 하는데, 리드 호프먼이 워낙 유명한 분이라 그가 말한 것으로 알려졌습니다. 그가 말하는 사업은 절벽에서 뛰어내리며 비행기를 조립하는 일과 같다고 했는데요. 절벽에서 떨어지는 동안 비행기를 제작하기 위한 재료도 구하고, 조립하는 방법을 알아야 하겠죠? 창업은 절벽에서 뛰어내릴 각오도 필요하고, 사업 자금이 소진되기 전에 비즈니스 모델도 개발해야 합니다. 낙하 중에 조립한 비행기로 매출을 발생시키고 하늘 위로 날아올라 가야 하는 운명이지요. 그렇지 않으면 허무하게 땅에 떨어지고 맙니다. 이제 함께 무엇을 어떻게 해야 할지 같이 고민해 보죠. 앞으로 독서 모임이 있기 전에 만나서 사업 계획 수립에 필요한 내용을 이야기해 볼까요?"

제대호의 제안에 나도한은 깜짝 놀랐다. 그동안 준비된 사업 아이템이나 계획이 하나도 없고, 그의 귀한 시간과 지식을 도움이라는 명목으로 받는 것이 민망했다. 또한 그에게 대가를 제공할 수 없는 처지이므로 어떤 말도 쉽게 할 수 없었다.

"너무나 감사한 말씀입니다만, 전 그저 가끔 자문이나 궁금한 내용을 여쭤만 볼 수만 있다면 그것으로 충분합니다. 누구에게나 귀한 주말에 시간을 내어 주신다니 너무 죄송할 따름입니다."

그림 2 창업은 절벽에서 뛰어내려 비행기를 조립하는 것
(출처: Jono Hey, Big Ideas Little Pictures, Media Lab Books, 2024.)

그의 마음을 짐작한 제대호는 이야기를 이어 갔다.

"제가 적극적으로 도와드린다고 해도 도한 님은 부담스러워할 필요는 없습니다. 혹시 그럴 거라고 걱정은 하지 않으시겠지만 노파심에서 말씀드리면, 컨설팅 비용을 달라고 하는 사람도 아닙니다. 그냥 도한 님의 창업과 도전을 도와드릴 뿐입니다. 과거에는 창업가에게 멘토링을 해 주며 회사 지분을 요구하는 멘토가 있었다고 하는데, 미래의 도한 님 회사에서 제 역할이나 지분에 관해서는 관심이 없답니다. 대신 저와 함께 제대로 창업을 준비하고 성공적인 사업을 영위하는 모습만 볼 수 있다면 전 만족합니다."

나도한은 그의 의중을 몰라 내심 걱정했는데, 그가 솔직하게 이야기를 해 주어 더욱 고마웠다. 연신 고개를 숙이면서 그래도 보상도 없이 소중한 시간과 지식을 뺏을 수 없다고 이야기했다.

하지만 그는 마치 운동선수 감독처럼 단호하게 말했다.

"이제 단단히 마음을 먹고 실행해야 합니다. 도한 님이 창업으로 가는 여정의 길라잡이가 되어 드릴 테지만, 미안한 마음이나 부담을 가질 필요는 없습니다. 제 일과 일상이 중요한 만큼 방해되지 않은 선에서 도와드릴 겁니다. 저와 도한 님은 휴일에만 시간을 낼 수 있으니, 오늘처럼 독서 모임이 있기 한 시간 전에 이렇게 만나죠. 독서 모임이 없거나 중간에 미팅이 필요하면 줌이나 구글 미트로 화상회의를 하면 됩니다. 그리고 궁금한 것이 있으면 언제든지 카톡이나 전화로 연락하셔도 됩니다. 주말이나 휴일은 별일 없으면 통화가 되니 편하게 연락해도 괜찮아요."

전혀 예상하지 못했던 그의 파격적인 지원 약속에 나도한은 여전히 믿기지 않은 표정을 지었다. 여전히 그가 어떤 사람인지 잘 모르지만, 그의 확신과 배려에 마음이 놓였다. 이런 기회가 다시는 없을 것만 같아서 그를 신뢰하고 의지하기로 했다. '그동안 나의 길을 가로막았던

불확실성과 막막함이 해소되지 않을까?'

물론 제대호에게도 쉬운 결정이 아니다. 그 역시 나도한처럼 치열한 현실에 부딪히면서 미래를 준비해야 하는 숙제를 풀어야 한다. 타인을 위해 시간을 내어 창업 과정을 도와준다는 것이 부담스럽기도 하고 쉬운 일도 아니다. 그런 그가 계속 말을 이어 갔다.

"저는 이번 기회에 도한 님의 사업 성공을 경험하는 기회로 삼고자 합니다. 꼭 성공하길 기원합니다. 그러니 어려워하지 마시고 저를 믿고 따라와 주시면 됩니다. 대신 전 꼰대는 아니지만 대호 님, 도한 님 이런 호칭이 여전히 적응도 안 되고 조금 불편하네요. 회사나 모임에서는 그렇게 불러서 어쩔 수 없지만 앞으로는 편하게 말을 트시죠. 저랑 도한 님이 대략 띠동갑 정도 될 것 같은데 학연 · 지연 · 인맥으로 엮어 볼 생각은 없답니다. 대신 제가 사회생활은 오래 했으니, 선배라고 부르면 됩니다. 앞으로 도한 님은 멋진 창업가가 되실 테니 편하게 앞으로 나 대표라고 부를게요."

나도한도 호칭이 어색하고 불편했는데, 그의 깔끔한 호칭 정리에 만족스럽게 웃었다. 나도한의 표정이 이전보다 훨씬 밝아졌고 그가 안도하며 말했다.

"네, 선배님이 어렵게 시간을 내어 주시고 제 사업인 만큼 정말 열심히 해 보도록 하겠습니다. 부족한 점이 있다면 호된 꾸지람도 괜찮습니다. 잘 부탁드리겠습니다."

곧 독서 모임이 시작되어 자릴 옮겨야 할 시간이 되었다. 제대호가
앞으로의 과정을 간략하게 이야기하였다.

"나도 나 대표라고 부르려니 좀 어색하지만, 서로 공통점이 많아서
소통이 잘될 거야. 일단 오늘은 독서 모임에 참석하고 다음 주부터 미
리 만나서 사업 이야기를 하면 되겠지? 그동안 생각했던 사업 아이템
은 모두 잊고 원점에서 이야기할 거야. 창업이나 사업 관련 책을 많이
읽었다고 했는데, 피터 틸의 『제로 투 원(Zero to One)』을 읽어 봤을
지 모르겠네. 시간이 있다면 한번 읽어 보면 좋아. 앞으로 제로 투 원[3]
을 위한 사업 아이템을 만들어 보는 것을 1차 목표로 달려 보자고. 앞
으로 천천히 여유롭게 이야기하는 걸로 하고, 당분간 창업에 대한 압
박과 고민은 잊고 자신을 만나며 알아 가는 시간을 가져 봐. 더 필요한
내용은 나중에 독서 모임 마치고 집에 가는 길에 이야기 나눠 볼까?"

한결 표정이 밝아진 나도한이 고개를 숙이며 말했다.
"네, 감사합니다. 나 대표라고 불러 주시니 이제 정말 창업을 한 것
같습니다. 잘 준비하고 열정적으로 따라가도록 하겠습니다!"

---

3 페이팔 마피아의 핵심 인물인 피터 틸의 저서 『제로 투 원(Zero to One)』에서 제시된 개념으로, 0에
서 1로 기존에 없던 것을 새롭게 창조하는 혁신을 의미한다. 이는 초기 기업이 혁신적인 사업 아이템을
기반으로 새로운 시장을 창출하거나 기존 시장을 재정의하는 과정을 포괄한다.

Step 2 ——— 방향 설정

직장인 창업 준비의 첫발을 내딛다

새 차를 구매하기 전, 차량 정보를 찾아보고 가격 비교도 하며 시승도 해 본다. 신차보다 값비싼 대가를 요구하는 창업을 덜컥 시작할 수 있겠는가?

1.

가볍게 시도하고 실행하는
창업을 발견하다

제대호를 알기 전에는 창업에 대한 두려움이 컸다. 당장이라도 도전할 수 있겠지만 실패하지 않을지 겁이 나서 과감하게 결정하지 못한 것 같다. 나도한의 창업 도전을 가로막은 것은 구체적이지 않은 사업 아이템. 앞으로 차근차근 사업 계획을 만들어 나갈 것을 생각하니 두려움과 불안감도 사그라들었다.

물론 업계와 회사의 어려움으로 속이 시끄러운 건 사실이다. 하지만 직장인으로 부끄럽지 않고 싶었기에 맡은 일에 충실했다. 출근과 함께 시작되는 아쉬움과 답답함을 감내하면서 그에게 주어진 과업은 최선을 다했다. 퇴근 후 집으로 돌아가는 지하철 안, 운이 좋게 자리에 앉게 되면 그제야 물끄러미 미래의 모습과 사업 아이템을 고민했다. 회식이 있으면 분위기를 맞추면서 적당히 취하지 않도록 술을 마시고 곧장 집으로 향했다. 무엇보다 그를 괴롭혔던 불면증도 사라졌고 더 이상 식은땀도 흘리지 않았다. 회사라는 울타리를 벗어나는 일이 두

렵거나 막막할 텐데 자신을 위로하며 편한 잠자리에 들었다.

'나는 왜 그동안 이 안에서 고민하고 방황했을까? 회사라는 울타리를
한 발짝만 나서면 될 것인데, 지금이라도 꿈을 꾸며 새로운 도전할 수
있게 되어 정말 다행이야.'

마음의 평온함을 찾았으나 그의 일상은 언제나 쉴 틈이 없다. 독서
모임이 있는 주말이 다가오면 설레면서도 긴장이 되기도 했다. 직장
에서 느끼는 조급함과 다른 차원의 경험이지만 수요일부터 분주해진
다. 독서 모임에서 발표할 주제를 찾고 토론 아젠다를 준비했다. 그리
고 제대호와 미팅을 위해 평소 고민하는 사업 아이디어를 백지에 그
려 보았다.

독서 모임이 있는 날, 나도한은 일찍 카페에 도착하여 창업과 관련
된 책을 읽고 있었다. 그 모습을 밖에서 바라본 제대호는 반갑게 인사
를 건넸다.
"시작부터 열정이 가득하네. 벌써 사업 아이템을 구상했다고 듣고
온 건 아니겠지?"

나도한이 부끄러운 표정으로 대답했다.
"창업에 도움이 될 만한 책이나 기사도 많이 읽고 생각을 많이 했지

만, 아직 구체적인 아이디어를 생각하지는 못했네요."

나도한의 대답이 당연하다는 듯이 고개를 끄덕이며 제대호가 말했
다.

"그래, 사업 아이템은 그렇게 쉽게 떠오르지 않아. 지난주에 이야기
한 대로 오늘은 사업에 대한 서로의 생각만 가볍게 풀어놓으면서 창
업의 시작을 이야기해 볼게. 사람마다 다르겠지만 난 적어도 창업만
큼은 서두를 필요가 없다고 생각해. 물론 사업에서 중요한 의사결정
이 필요한 순간이 많은데, 과감하고 빠른 결정은 중요해. 하지만 나
대표는 이제 시작하는 단계인 만큼 일정과 시간에 구속받을 필요가
없어. 물론 나중에 사업 아이템이 확정되면 그때는 빠르게 구체화하
고 검증하게 될 거야. 그전까지 차분하게 사업의 전제가 되는 문제에
집중하면 좋겠어. 잠깐 이야기가 샜는데, 나 대표는 창업을 하기로 결
심하였으면서 왜 그동안 실행하지 못했지?"

나도한은 잠시 머뭇거리다가 차분하게 이야기했다.

"첫 번째 직장 사수가 완벽주의자였어요. 처음에는 깐깐한 업무 스
타일이 적응하기 힘들었고, 기획안을 보고할 때는 긴장도 많이 했습
니다. 그렇게 혼나며 배우다 보니 제가 그 기운을 받았나 봅니다. 각
종 보고서나 기획서를 작성할 때 구체성과 논리 흐름을 강조하고 모
호한 표현과 계획은 제거하거나 명확하도록 보완하였지요. 당연히 창

업과 사업 계획도 선명하게 구체적이지 않으면 스스로가 용납할 수 없네요. 그렇다 보니 항상 제자리인 듯합니다."

나도한의 이야기에 공감하며 제대호가 말했다.

"그러한 업무 스타일은 사업 계획 수립에서 매우 중요해. 특히 사업에서 꼭 필요한 마음가짐이야. 앞으로 계속 강조하겠지만 모든 사업 계획이 문제에서 시작하여 논리적인 인과관계에 따라 흘러가거든. 이러한 논리는 불확실한 시장을 관찰하며 해결 방안과 성장 전략이 연동되는 과정으로 연결되니 곧 이해하게 될 거야. 사업 계획의 구체성과 완벽함을 추구하다 창업을 주저하게 된 것으로 이해했는데, 또 다른 이유가 있을까?"

그의 물음에 나도한이 몸을 떠는 모습을 보이며 대답했다.

"무엇보다 실패할 수 있다는 상황이 너무 싫고 두려웠습니다. 곧 창업한다면 남보다 빠를 수도 있고 이미 먼저 스타트업에 참여한 동기나 친구와 비교해도 시기적으로 큰 차이는 안 납니다. 하지만 저는 이미 늦었다고 생각되고 늦은 만큼 실패를 받아들일 수 없습니다. 실패하게 되면 그 누구보다 치열하게 보낸 시간과 노력을 헛되이 날려 버릴 것만 같거든요. 실패할 사업은 생각도 하지 않았습니다. 그렇다 보니 결국 매번 생각만 하고 실행 못 하는 무한루프에 빠졌네요."

그의 이야기를 차분하게 들은 제대호가 말했다.

"나 대표뿐만 아니라 세상의 모든 창업가가 실패 없이 한 번에 성공하는 사업 아이템을 간절히 바라고 있지. 하지만 아무리 둘러봐도 한 번의 도전으로 성공하는 사업 아이템은 세상 어디에도 없어. 때로는 놀라운 성공 사례가 있기도 하지만 모든 사업은 창업가의 마음처럼 쉽게 이루어지지 않아. 누구나 쉽게 창업하고 성공을 할 수 있다면 이 세상에는 직장인은 없고 창업가만 존재할 거야."

"저도 그렇게 생각해요. 그래서 조금이라도 더 구체적이면서 실패하지 않을 사업 아이템을 찾고 고민했나 봅니다."

제대호는 가볍게 커피를 한 모금 마신 뒤 긴말을 준비한 듯 헛기침을 하고 이야기를 이어 갔다.

"안타깝게도 모든 초기 기업은 나 대표가 그토록 싫어하는 실패하는 조건을 갖추고 있지. 어떤 이는 초기 기업은 무조건 실패할 수밖에 없다고 확언하기도 해. 실패하는 기업은 사업 계획의 구체성이 없어서일까? 그렇지는 않은 듯하네. 구체적인 사업 아이템과 계획을 준비했는데, 사업 시작과 동시에 실패하는 사업 구조도 많이 봤어. 그러면 실패하지 않는 사업과 리스크를 줄이는 사업이라는 두 가지 주제로 이야기해 볼게. 나 대표는 당장이라도 명확한 아이템 찾아 사업을 단계별로 추진하는 이야기를 듣고 싶겠지?"

"정말 제가 궁금하기도 하고 간절하게 해결하고 싶은 숙제이긴 합니다."

"정답과 방법은 어렵지 않아. 바로 사업 실패를 회피하기 위하여 고객이 원하고, 당장 사고 싶은 아이템을 내놓는 것이지. 즉, 고객이 기꺼이 비용을 내면서 반드시 손에 넣으려는 사업 아이템이 핵심이야."

생각보다 허무한 대답에 나도한이 아쉬운 표정으로 대답했다.
"고객이 비용을 내서라도 구매하려는 제품이나 서비스를 알게 된다면 정말 좋겠네요. 저의 사업 아이템도 고객이 많이 사랑해 주면 좋겠어요."

제대호가 크게 웃으며 말했다.
"안 그래도 고객과 사랑을 예시로 이야기하려고 했어. 창업이 성공하기 위하여 고객의 사랑이 필요조건이지. 하지만 안타깝게도 창업가는 고객의 마음을 정확하게 알 수 없고 알기도 어려워. 이제 고객과 사랑을 주제로 풀어 볼게. 혹시 나 대표도 짝사랑의 기억이 있는지 모르겠네. 다들 지나고 나면 추억이라고 하잖아. 하지만 사업은 기억 속에 추억으로 머물 수 없어. 그 대가가 너무 가혹하거든. 시간과 금전의 손실 등 매몰 비용은 비교할 수 없어. 그러므로 사업은 절대 짝사랑으로 그쳐서는 안 되고 사업은 시작과 지속, 성공이 매우 중요한 목표야. 고객을 짝사랑의 상대방이라고 가정하면, 상대방에게 고백할 때는 성급하게 서두르지 않고 신중한 사전 검토와 분석이 필요해. 취향과 선호를 면밀하게 분석하고 다양한 방법으로 구애 작전이 잘 들어맞았는지, 나에 관해 관심 있는지 알아보는 검증 방법을 동원해야지."

제대호의 설명에 흥미로운 표정의 나도한이 대답했다.
"그렇게 상대방의 마음을 파악하기 위하여 우연한 기회를 만들거나 주위 친구에게 접근하여 물어본 경험이 있습니다."

나도한의 대답이 공감이 가는 듯 제대호가 활짝 웃으며 이야기했다.
"그래, 그럴 때 종종 친구에게 부탁하거나 상대방과 만날 기회를 만들잖아. 단순한 느낌만으로 고백하면 안 돼. 자칫하면 '고백공격'이 될 수 있거든. 논리적인 개연성과 확증이 있을 때 과감하게 고백을 해 보는 거야. 혹시나 내게 부족한 부분이 있다면 보완하고, 상대의 마음을 얻기 위한 조건 충족이 불가능하다고 판단되면 의연한 포기도 필요해. 사업도 똑같아. 무작정 덤벼서는 안 되고, 준비와 검증이 중요하지."

제대호와 이야기를 나누며 나도한은 그간의 고민을 이야기했다.
"제가 그동안 창업에 대해 주저했던 이유도 같은 맥락인 듯하네요. 사업 아이템도 불명확하고 그렇다보니 고객도 누군지 모르고, 게다가 무엇을 좋아하는지 모르네요. 그런 확신 없이는 아무것도 실행하지 못할 것 같았습니다. 매력적인 사업 아이템과 그럴듯하거나 견고한 비즈니스 모델을 생각하지 못했고요. 또 사업을 추진하려면 혼자서는 힘드니 사람도 뽑아야 하고, 사무실과 인프라, 네트워크까지 확보해야 한다는 생각에 주저했네요. 역시 천천히 단계별로 고민해야 하는데, 그동안 너무 앞서 나간 생각에 창업과 실패를 두려워한 것 같네요. 고객의 사랑을 받을 수 있는 사업 아이템을 찾아야겠습니다."

나도한의 이야기를 듣고 제대호가 조곤조곤 말했다.

"누가 보더라도 매력적이고 멋진 사업 아이템도 실패한 경우가 많아. 엄청난 규모의 투자금을 유치하고 시장의 관심과 호응도 있었지만, 힘도 못 쓰고 사라진 많은 사업 아이템이 많지. 그만큼 사업은 험난하고 많은 변수가 존재해. 게다가 나 대표는 직장인이고 사업을 위한 자본금도 부족하니 성대하고 멋지게 창업하기 어려워. 고객이 좋아하고 필요한 사업 아이템에 대한 고민과 비즈니스 모델 수립에 집중하게 될 거야. 차근차근 일구어 갈 수 있도록 도와줄게. 물론 대기업의 신규사업팀처럼 자금과 인력, 인프라를 투입하여 만들어 내는 방법론을 나 대표에게 알려 주지 않아. 그러니 처음부터 도전과 실패를 겁먹을 필요가 전혀 없어."

나도한은 안도감을 느끼며 대답했다.

"네, 선배님, 무슨 말씀인지 알겠습니다. 조급한 마음을 버리고 단계별로 차분히 준비해 나가도록 하겠습니다."

　잠시 목이 잠긴 듯 제대호는 헛기침을 하고 계속 이야기했다.

　"아마 다음에 이야기할 텐데, 너무 완벽하고 구체적인 사업 계획을 생각하다 보면 진전이 안 돼. 사업 아이템이 설정되면 다소 부족하더라도 빠르게 구체화하고 검증해 보는 린 스타트업 창업방법론의 붐이 있었어. 우리도 사실상 린 스타트업 방법론에 따라 사업 아이템을 체계적으로 도출해 보려고 해. 거듭 이야기하지만, 철저히 준비한 사업도 성공한다는 보장은 없어. 사업 아이템을 타당한 근거로 도출했으면 적절한 대안을 제시하고 고객에게 물어보는 검증이 필요해. 이후 비즈니스를 발전시키고 사업 아이템을 견고하게 만들어 가야 하겠지. 그 방법에 따라 나 대표의 사업 계획도 하나둘 채워질 거야."

　"여러 책이나 커뮤니티에서 관련 글을 읽어 보고 개념은 이해했는데, 이번 기회에 익혀 볼 수 있겠네요."

　"하지만 최근에 고민과 분석 없이 생각한 아이디어에 기반한 사업 계획으로 지원사업을 신청한다든지 투자자를 만나려는 초기 창업가를 많이 봤어. 아니면 완성도가 낮은 사업 아이템으로 시장수요를 검증하겠다고 잠재 고객에게 홍보 메일을 보내거나 광고하는 경우가 있더라고. 창업가에게는 그러한 활동이 사업 경험과 인사이트에 큰 도움이 되겠지만 멀리 본다면 사업 아이템과 창업가의 신뢰에 안 좋은 영향을 미칠 수 있어. 아무리 가볍게 실행해 보는 창업이라고 하더라도, 철저한 분석과 가설에 대한 타당성을 확보해야 한다는 점을 잊어서는 안 돼. 시간이 부족하더라도 바쁠수록 돌다리를 두드리고 건너 보는 거지. 나중에는 그 길이 더욱 빠르고 안전해."

다시 활기를 되찾은 나도한이 고개를 숙이며 인사했다.
"그동안 저를 속박했던 문제가 풀리고 있는 느낌이네요. 고객이 저의 사업 아이템을 차 버리지 않고 사랑받을 수 있도록 준비하겠습니다."

2.

성공하는 아이템은
한 끗이 다르다

바쁜 일상과 사업 계획을 고민하느라 독서 모임 발표 준비를 부실하게 준비했다는 나도한의 표정이 안쓰러웠다. 멍한 표정의 그를 보며 제대호가 질문을 던졌다.

"나 대표, 창업가에게 있어서 가장 슬프고 괴로운 순간이 언제일까?"

다른 생각에 빠져 있다가 깜짝 놀란 나도한이 대답했다.

"네, 지난번에 말씀 주신 것처럼 짝사랑의 실패가 아닐까요? 저의 경우라면 제가 만든 제품이나 서비스가 외면받는 현실이겠지요. 매출이 발생하지 않으면 끝내 사업이 실패할 테니 말이죠."

사업 실패에 여전히 두려움이 많은 그는 제대호의 이야기에 귀를 기울였다.

"그렇지, 아주 당연하겠지만 매출이 발생하지 않아 자금 수혈이 이루어지지 않고 폐업하는 경우겠지. 지난주에는 짝사랑을 예시로 이야기를 나누었지만, 오늘은 시장수요 관점에서 이야기해 볼게. 창업가에게 가장 괴로운 순간은 나 대표가 말한 대로 고객에게 환영받지 못하고 팔리지 않는 제품이나 서비스였다고 인식하는 순간이겠지. 바로 시장의 수요를 맞추지 못했다는 것. 시장에서 환영받지 못한 제품과 서비스를 내놓고 반응이 없는 상황은 매우 위험한 신호야. 한 번의 실패로 그치지 않고 초기 기업은 생존과도 직결되지. 그래서 사업이 실패하는 원인을 세부적으로 살펴볼 필요가 있어."

나도한이 대화에 관심을 가지며 대답했다.

"지난주는 고객의 입장이라면 오늘은 더 거시적으로 시장으로 옮겨 갔네요."

다행히 나도한의 집중을 확인한 제대호는 계속하여 이야기를 이어 갔다.

"응, 오늘은 우리의 고객이 있는 시장이 주제야. 그러기 위해 시장에서 성공하는 사업 아이템을 이야기해 볼까? 성공, 참 멋진 말이야. 많은 창업가가 성공을 갈망하지만 큰 실수를 하곤 해. 자신의 사업 아이템에 대한 강한 애착과 자부심이 있어. 특히 창업가가 경계해야 하는 포인트가 본인은 시장을 너무 잘 알고 있다는 근거 없는 자신감이거든. 정말 시장의 마음은 뚜껑을 열어 보지 않고서는 자세히 알 수 없다고 강조하고 싶어. 그래서 타깃시장의 고객이 필요한 제품이나 서비스를 만들어 보는 방법론을 알아 둘 필요가 있어. 지난주 이야기와 같은 흐름이야. 이제 본격적으로 성공하기 위한 시장 분석 전략을 다뤄 보자고. 그러기 위해서 다시 시장과 핏이 맞는 사업 아이템을 이야기할 거야."

눈빛을 반짝이며 나도한이 말했다.
"그동안 사업 아이템 검증과 관련된 이야기를 주셔서 시장 검증이 어떻게 이루어질지 구체적으로 궁금했거든요. 창업 공부를 독학하며 제품·시장적합성(Product Market Fit, PMF, 이후 PMF)을 봤습니다. 제품이 시장의 요구와 기대에 대응하기 위한 PMF 전략이라고 이해했는데 관련된 내용인가요?"

많은 배경지식과 정보를 알고 있는 나도한이지만 제대호는 차라리 그가 아무것도 모르는 것이 나을 수가 있다고 생각했다. 자칫 한정된 정보와 편견으로 개념을 잘못 이해하는 경우가 있기 때문이다. 그렇기에 제대호는 차근차근 설명했다.
"역시 나 대표는 이미 PMF를 들어 봤구나. 업계에서는 제품·시장적합성이라는 용어보다 PMF라고 보편적으로 쓰고 있지. 그리고 원활한 의사소통을 위해 서로 용어를 통일해야 하는데, 지금까지 나 대표의 사업 아이템이 정해지지 않았잖아. 사업 아이템이 플랫폼과 같은 온라인 서비스일 수도 있고 물건과 같은 유형의 제품이 될 수 있겠지? 그러한 제품과 서비스를 프로덕트(Product)로 통칭하는데, 당분간 상황에 따라 제품이나 서비스라고 이야기할게."

나도한이 고개를 끄떡이며 대답했다.
"안 그래도 단순한 제품의 뜻이 아닐 것 같아서 프로덕트란 개념이 뭘까 찾아보기도 했습니다."

어떻게 나도한에게 쉽게 설명할지 잠시 골똘히 생각한 제대호가 설명했다.
"응, 쉽게 말해 창업 기업이 고객에게 제공하는 유무형의 가치로 이해하면 될 거야. 나 대표의 사업 아이템은 두고 봐야 하겠지만 아무래도 서비스가 될 확률이 높겠지."

"네, 아무래도 저도 제조업보다 온라인 서비스를 염두에 두고 있어서 저의 프로덕트는 서비스가 될 수 있겠네요."

"그나저나 나 대표가 만들 서비스가 성공적으로 시장에 안착이 되어야 할 텐데, 실패하면 안 되겠지? 교훈을 얻기 위해 실패한 서비스를 떠올려 볼까? 한때 'X'(구 트위터)나 '페이스북' 등 SNS의 대항마로 구글에서도 'Google+'를 선보였지만, 시장에서 외면받았어. 게다가 보안 문제까지 겹치면서 서비스 개시 후 10년도 채 버티지 못하고 종료됐지. 비슷한 사례로 국내 대형 포털에서도 한국인에게 맞는 SNS를 표방하고 도전했다가 두어 개 서비스는 흔적도 없이 사라졌어. 서비스 이름도 기억나질 않네."

나도한도 어렴풋이 생각났다. 골똘히 생각하다가 웃으며 대답했다.
"어떤 서비스인지 알 것 같아요. 제 주위의 회사 동료나 친구들도 쓰는 사람이 아무도 없더라고요. 가끔 포털 화면에서 보였는데, 어느 순간 사라졌더라고요. 그리고 보니 당장 떠오르지 않는데, 전자제품도 있는 것 같네요."

그의 이야기에 제대호는 잠깐 고민을 하더니 제품 사례를 이야기했다.
"전자제품도 비슷한 실패 사례가 있지. 아주 오래전 일이네. 벌써 15년도 넘었겠다. 〈아바타〉가 개봉하면서 3D 콘텐츠와 3D TV 기술이 주목받기 시작했어. 이에 맞춰 주요 가전제품 기업들은 앞다퉈 3D TV를 출시했지. 제품의 품질과 기술력은 충분히 확보되었음에도 지상파 방송국은 3D 콘텐츠를 제공하는 데 한계가 있었어. 특히 콘텐츠 제작 비용이 많이 드는 탓에 콘텐츠 공급도 원활하지 않았어. 고객으로서도 3D 안경 착용의 불편함이 있고 콘텐츠의 순환이 이루어지지 않으니 관심도 줄어들었지. 이후 새로운 디스플레이 기술이 등장하면서 3D

TV는 자연스럽게 시장에서 사라졌어. 이처럼 시장수요와 환경에 대응하지 못하고 기업의 야심 찬 프로젝트가 좌절된 사례가 아주 많아."

"네, 금방 말씀 주신 기업은 주로 글로벌 기업이나 대기업이라 타격을 감내할 수 있겠지만, 소규모 기업은 생존과도 직결될 수 있겠네요?"

"그렇지. 지난번에 이야기했듯이, 오늘 내가 강조하고 싶은 포인트야. 대기업도 사실 출시 제품이 실패하면 큰 충격은 있겠지만 생존에는 지장이 없을 거야. 하지만 초기 기업은 시장 경쟁에서 버티기 어려운 이유가 될 수 있겠지. 그래서 나 대표가 창업할 초기 기업은 더욱더 시장 트랜드에 부합하고 시장수요가 뒷받침되는 제품이나 서비스를 출시해야 해. 과거에는 물건을 만들어 시장에 내놓으면 수요가 창출되고 생산하는 물건이 소비되는 시대였어. 하지만 지금은 시장이 치열할뿐더러 세분화되고 파편화되었지. 빈틈을 노려 시장의 수요를 시원하게 긁어 주는 사업 아이템만 살아남을 수 있어."

제대호의 말에 나도한이 공감하며 대답했다.
"정말 과거와 비교해서 지금은 시장이 너무 빨리 바뀌고 있는 걸 실감하네요."

제대호가 고개를 끄덕이며 말을 이어 갔다.

"마케팅 전문가는 아니지만, 관심을 가지고 봤어. 아무래도 기술이 지배하던 시절에는 기회가 많았지. 그 시기에 나온 개념이 푸시 마케팅(Push Marketing)으로 볼 수 있는데, 상상해 봐. 독점 제품이나 신제품을 시장에 내놓으면 알아서 팔리는 상황. 생각만 해도 너무 이상적이지."

"네, 필름 카메라가 시장에서 사라지고 디지털카메라가 그 자리를 차지했던 것 같아요. 하지만 다시 스마트폰이 디지털카메라의 시장을 잠식하지 않았나 생각이 되네요."

나도한의 대답에 제대호는 흐뭇한 표정으로 말을 이어 나갔다.

"나도 그렇게 생각해. 이제는 과거처럼 소비자의 수요가 반영되지 않은 제품을 만들어 밀어내는 전략이 더 이상 통하지 않아. 물론 애플이나 테슬라처럼 혁신기업이 내놓은 프로덕트는 얼리어답터나 마니아층이 구매하겠지만, 알려지지 않은 작은 회사의 프로덕트를 누가 알아주겠어? 혁신의 대명사로 기대했던 '비전 프로'의 부진이나 '아이폰'도 매년 업그레이드가 되어도 매출 확대의 한계에 부딪히는 어려움이 있는 것 보면 시장은 녹록지 않아."

"정말 쉽지 않네요. 게다가 기술 발전도 가속화되면서 차별화된 경쟁 포인트가 중요할 듯하네요. 저도 마케팅은 잘 모르지만 회사 업무와 관련이 있어서 이런저런 고민을 많이 했습니다."

"어쩐지 나 대표와 이야기가 통하는구나. 그럼 이 개념도 알겠네? 최근에는 시장의 수요를 반영하여 프로덕트를 만들어 내는 마켓 풀 (Market Pull)이 중요한 개념으로 강조가 되더라고. 과거 필름 카메라의 단점을 극복하기 위해 디지털카메라가 나왔듯이 소비자의 요구에 부응하는 제품이나 서비스를 출시해야 해. 그 배경에는 소비자의 불편(Pain Point)과 수요(Needs)를 해결하는 것이 핵심이지. 마켓 풀과 제품·시장적합성, 즉 시장수요는 PMF와 일맥상통한다는 것을 알게 될 거야."

한참을 골똘히 생각한 나도한은 다시 궁금증이 밀려왔다.
"이제 하시려는 말씀과 각 개념의 연관성이 그려집니다. PMF에 대한 개념은 대략적이나마 이해했는데, 세부적으로 어떻게 해야 할지는 감이 안 오네요."

"앞으로 함께 고민할 내용이 시장에 맞춤화된 사업 계획을 기획하는 일이야. 문제 설정, 대안 제시의 단계가 먼저 이루어져야지. 이제 무엇이 중요한지 알겠지? 다음 주부터 고객 문제를 확인하는 과정에서 차근차근 이해하게 될 거야. 구체적인 사업 아이템을 풀어내기 위해서는 문제 인식이 중요하거든. 제대로 된 문제 설정이 창업의 절반이라고 생각해. 나 대표의 사업 아이템을 위한 문제의 고민과 솔루션 도출, 검증 단계가 끝날 때쯤이면 PMF의 개념과 방법론을 완벽하게 이해하고 터득할 수 있을 거야!"

"정말 앞으로 미팅이 너무 기대되는걸요? 그동안 제가 무엇을 준비하면 될까요?"

조급함을 보이는 나도한을 바라보며 제대호가 말했다.
"사업 아이템이 하늘에서 뚝 떨어지는 건 아니지만 그렇다고 고민을 계속한다고 하여 얻어지는 게 아니거든. 그런 측면에서 따로 무언가를 준비할 필요는 없어. 앞으로 계속 문제를 강조할 텐데 나 대표 주위에 펼쳐진 세상을 호기심 어린 눈으로 바라보고 관찰하는 시간을 가지면 좋겠어. 무엇보다 자신을 이해하고 알아 가는 기회를 가져 보면 좋겠어."

고객의 고통을
시각적으로 확인하자

사업의 첫 단계는 무엇보다도 고객의 문제(Pain Point)를 명확히 파악하는 것이다. 고객의 문제가 분명해야, 이를 해결할 수 있는 사업 아이템을 발굴할 수 있다. 우선, 떠오르는 고객의 문제를 눈으로 확인할 수 있는 형태로 정리해 보자. 흰 종이를 꺼내거나 '파워포인트'를 열어 동그라미를 그리고, 각 동그라미에 고객의 문제를 적어 본다. 여기서 동그라미는 각 문제를 나타내는 상징적인 도구가 된다. 그다음, 각 동그라미에 색을 입혀 고객의 고통 강도를 시각적으로 표현한다. 예를 들어, 고객이 약간의 불편을 느끼는 문제는 연한 회색으로, 극심한 고통이나 긴급하게 해결해야 할 문제는 진한 검은색으로 칠한다. 이렇게 색칠하다 보면 고객이 체감하는 고통의 강도가 한눈에 드러나게 된다. 이 과정은 단순해 보이지만, 창업자가 고객의 문제를 시각적으로 분석하고 우선순위를 설정하는 데 강력한 도구가 된다. 만약 여러 가지 사업 아이템을 고민하고 있다면, 고객의 고통이 가장 강렬하고 명확한 문제를 선택하라. 이러한 문제를 해결하는 사업 아이템이야말로 시장과 고객의 관심을 끌 가능성이 높다.

| 문제 A | 문제 B | 문제 C |

그림 3 고객이 느끼는 고통의 크기를 명암으로 표현

3.

창업을 위한 시간을 확보하고
치밀하게 계획하다

나도한의 머릿속은 사업 아이템에 대한 고민으로 꽉 찼다. 틈날 때마다 멍하게 창업을 통해서 문제 해결이 필요한 곳이 어디에 있을까 고민했다. 하지만 이내 실망하고 만다. 거대 플랫폼 기업뿐만 아니라 이미 많은 기업에서 제공하는 제품이나 서비스가 존재했다. 그렇지 않다면 막대한 시설이나 투자 자금이 필요했다. 그는 틈새를 노려 혁신적인 대안을 제시할 자신이 없었다. 또한 사업 아이템이 해결할 수 있는 문제를 찾는 것이 시급한데, 호기심을 가지고 세상을 관찰하라는 말이 너무나 모호했다. '고객의 고통, 불편, 불안…' 하지만 그렇게 창업의 전제가 되는 문제를 골똘히 고민하다 보니, 마치 주객이 바뀌었다는 느낌을 받았다. 무엇이 중요한가? 왜 창업을 하려는지 이유를 잊은 채, 마냥 창업을 위한 사업 아이템 찾기에 매몰된 것은 아닐까?

창업을 결심한 순간을 떠올렸다. 불안하고 미래가 없는 회사에서 탈출하고, 자신만의 꿈을 펼치고 싶었다. 또 다른 직장으로 이직했다고 한들, 그의 성장을 위한 갈증을 해소해 주지 않을 것만 같았다. 어쩌면 지금 상황에서 탈출하기 위한 도피처로서 창업을 생각한 것이다. 하지만 창업을 준비하면서 생각이 바뀌었다. 자신이 정말 잘할 수 있는 일을 즐겁게 할 수 있는 꿈이 생긴 것이다. 그런데 지금은 자신의 꿈과 상관없이 사업 아이템을 위한 문제를 찾고 있다니. 단편적인 창업인가 꿈의 실현이냐, 어디에 집중해야 하는지 깨닫게 되었다.

사실 창업을 하는 자체는 어렵지 않게 생각했다. 그동안 고민했던 사업 아이템 중 하나를 선정해서 최대한 잘 포장하고 꾸며서 지원사업을 수주할 자신도 있었다. 그렇게 창업 자금과 공간, 멘토링 프로그램을 지원받으며 그럭저럭 운영할 수 있을 것이다. 하지만 오히려 지원과 혜택은 그의 미래를 불안하게 만들 것만 같았다. 성장을 위한 연료는 지원자금이 아니라 그의 꿈틀거리는 뜨거운 열정이 되어야 하기 때문이다.

창업 활동은 꿈을 실현하기 위한 과정일 뿐. 사업 아이템은 목적이 될 수 없다. 다시 돌아가 사업으로 해결할 수 있는 문제를 찾기 위해서는 자신을 먼저 알아야 한다. 즉, 꿈을 실현하기 위해서는 자신이 좋아하는 가치를 찾아야 한다. 그가 잘 알고 좋아하는 분야에서 문제를 찾고 해결책을 제시하기로 했다. 창업 아이템에 구애받지 않고 진정으로 해결하고 싶은 문제를 찾기로 했다. 이를 위해 충분히 고민할 수 있는 시간을 확보하고, 의미 있는 시간을 보내기 위한 마음가짐이 필요했다. 또한 조급한 마음을 비우고 여유를 찾기로 했다. 어쩌면 제대호가 그에게 숙제를 내 준 의미가 아닐까?

그동안 새벽잠을 줄이고 5시에 일찍 일어나서 미라클 모닝과 자기계발을 실천했다. 이제는 창업가의 길로 가기로 한 만큼 시간 활용 전략을 바꾸기로 했다. 충분한 수면을 위해 건강한 식생활과 운동을 다시 시작했다. 무언가를 해야겠다는 강박관념을 벗어나 편한 마음에 일찍 잠드니 피곤하지도 않고 출근 시간도 여유가 있었다. 출퇴근 시간에는 평소 관심이 있었던 주제의 사회, 경제, 문화 위주의 뉴스 기사를 읽었다. 다양한 이들의 생각을 이해하기 위해 댓글, 커뮤니티 게시글, SNS도 빠르게 훑어보았다. 보고 싶은 책은 리스트에 정리하여 읽어 보고, 시간이 나면 책 소개 및 리뷰를 제공하는 유튜브 채널을 이용하여 자신이 느낀 생각을 비교해 보기도 했다. 또한 유료로 제공되는 문화 및 정보 콘텐츠를 구독하며 생생한 소식과 다양한 생각을 접했다.

회사에서는 창업의 '창' 자도 꺼내지 않았다. 당연히 근무 중에는 다른 생각은 하지 않고 업무에 전념하였다. 그는 처음부터 사이드잡, 스텔스 창업을 전혀 염두에 두지 않았다. 독서 모임에서 회원이 회사에서 겸직 금지규정으로 가족 명의로 사업자등록을 했다는 이야기를 듣고 공감할 수 없었다. 직장인으로 확고한 신념을 가진 나도한은 휴식 시간일지라도 절대 창업과 관련하여 업무용 컴퓨터뿐만 아니라 스마트폰에서도 살펴보지 않았다. 하지만 동료 직원들의 업무상 어려움, 부서에서 일어나는 크고 작은 이슈들에 대해 귀를 기울였다.

운이 좋게 야근이 없는 날에는 스타트업 또는 창업과 관련된 매거진, 커뮤니티, 뉴스를 읽으며 각종 이슈와 치열하게 경쟁하는 주요 기업 현황을 살펴보았다. 뉴스 기사, 재무 현황, 주요 프로덕트, 시장 변화를 대입하며 그 회사의 사업 모델과 방향, 전략을 추론해 보았다. 금요일 밤이 되니 나름대로 힘들게 보냈던 지난 일주일을 알차게 마무리했다는 성취감이 밀려왔다.

다양한 정보를 수집하며 고민하는 시간이 늘어나니 나도한은 왜 자신의 회사가 어려움을 겪고 있는지 문제가 보이기 시작했다. '회사는 이를 해결할 전략과 계획이 없을까?' 지금 회사경영의 위기에 봉착하게 된 원인을 짚어내고 극복하기 위한 과감한 대처의 필요성을 느꼈다. 이처럼 경쟁자와 차별성 없는 사업 구조는 치킨게임으로 결국 승자와 패자도 존재하지 않고 모두 망하게 될 것 같았다. 이러한 회사를 보며 나도한은 빠른 퇴사를 결심하게 되었다. 이에 독서 모임 일정과 제대호의 미팅 계획과 사업 준비 기간, 회수할 수 있는 보유 자산을 점검했다. 벼랑 끝에 선 심정이지만 차분하게 창업을 준비할 남은 시간은 충분했다.

구체적으로 퇴사 계획을 생각하니 되니, 창업 준비도 속도가 붙었다. 틈틈이 창업 노트에 그가 인식하는 문제들을 정리했다. 업무와 관련된 문제보다 관심이 있는 분야 위주의 문제가 와닿았다. 사업 계획으로 적절한지 판단이 서지 않지만 일단 나도한이 평소에 흥미를 느낀 '지식 공유 커뮤니티 플랫폼'이 어떨지 생각이 들어서 키워드 중심으로 문제를 뽑아내고 마인드맵으로 그려 보았다.

"내가 해결할 수 있는 문제를 찾자!"

자연스럽게 혼잣말이 나왔다. 불과 두어 달 전만 해도 그는 허무함과 불안함에 극한의 스트레스를 체감했으나 언제 그랬냐는 듯 긍정적인 사람으로 변했다. 그동안 불안과 두려움이 차지했던 그의 머릿속은 온통 자신이 풀 수 있고, 풀어야 하는 문제로 가득 찼다. 조금씩 방향이 잡힌 그는 창업 노트에 문제와 해결 방안을 고민한 아이디어를 정리했다.

Step 3 ——

근원적
문제 인식이
필요하다

문제 정의

고객의 문제는 마치 나침판과도 같다. 문제 설정이
잘못되거나 문제의 본질을 놓치면 길을 잃는다.

1.

고객 문제 설정이 애매하면
문제가 된다

제대호는 나도한의 창업 준비 과정을 보며 오래전 자신을 떠올렸다. 대기업에 근무하면서 자부심도 컸고 자신감도 남달랐다. 업무 강도가 높고 야근과 주말 근무가 많아 남들이 꺼리던 신규사업팀에서 도전적인 과업을 성공적으로 수행하기도 했다. 주위 많은 이들이 만류하였으나 본사에서 자회사로 발령을 받는 전적도 기꺼이 수용하고 그곳에서도 열정적으로 일했다. 이후 코로나19의 위기와 급성장한 산업의 거품이 빠지며 헐값으로 경쟁 기업에 매각이 되는 상황을 맞이했다. 어디서부터 잘못되었을까? 부진한 성과에 대한 책임을 묻는 칼끝은 윗선이 아니라 전장의 최전선에 있었던 그의 목 앞으로 다가왔다. 그제야 그 어디에도 돌아갈 곳이 없다는 것을 깨닫고, 허무함과 상실감에 뒤늦은 후회를 하였다. 젊음을 바친 회사, 대가는 참담했다. 뛰어난 업무 성과를 보였던 동기들이 왜 그토록 빨리 새 출발을 꿈꾸며 떠나갔는지 이해가 되었다. 마지막 가는 길에 짐을 실어 주며 배웅할 수밖에 없던 그때의 자기 모습이 한심하게 느껴졌다. 떠나가는 이들이 부러웠으나 살아남기 위해 꿋꿋하게 버텼다. 그러나 허무하게 버려진 것이다. 그도 뒤늦게 자신의 꿈을 찾기 위해 창업을 결심했다.

어떤 사업을 해야 하나? 실무 능력도 우수했고 인맥도 화려했지만, 막상 그에겐 같이 일할 사람도, 사무실도, 자금도 없었다. 대기업과 계열사에서 능력이 있는 책임자였지만 회사 울타리를 벗어나 혼자 영위할 수 있는 사업은 한계가 있었다. 그도 지금의 나도한처럼 도서관이나 서점, 커뮤니티를 찾아다니며 사업 주제를 알아보고 고민했다. SNS나 유튜브 등에서는 누구나 쉽게 접근할 수 있는 블로그 글쓰기, 스마트스토어와 같은 부업 수준을 소개했고 카페, 식당 등의 가맹점을 통한 창업 정보만 가득했다. 단순한 장사가 아닌 사업을 하고 싶었다. 사업 아이템을 어떻게 찾을 수 있을지 물어보거나 자료를 찾아보면 하나같이 자신을 알아 가는 시간이라고 한다. 자신을 이해하는 순간이라니? 어렵기도 하고 참 무책임한 대답이라고 생각했다. 그의 관심은 당장 '돈이 되는 사업 아이템'이기에 고민은 깊어졌다. 허탈함을 극복하면서 생존의 대안으로 창업을 생각했다. 하지만 그에겐 무엇을 잘하고, 무엇을 하고 싶은지 비전과 목표가 보이지 않았다.

우연히 뉴스에서 60억 규모의 시리즈B[4] 투자 유치에 성공했다는 대학 선배의 소식을 보았다. 부럽기도 하고 그의 궁금증을 해결하기 위해 선배에게 연락했다. 일찍 사업에 도전하여 성공한 선배를 당장 만나 많은 이야기를 듣고 싶었다. 하지만 너무나 바쁘다는 선배는 계속되는 해외 출장과 신규 프로젝트 추진으로 여유가 없다며 몇 달 후 소주 한잔을 기약했다. 하지만 창업과 관련된다면 만나서 해 줄 이야기는 많지 않다고 했다. 대신 꼭 들려주고 싶은 하나의 메시지가 있으니 명심하라고 했는데 이 또한 허무하게 느껴진다.

'너의 고객이 누구이며, 그들의 문제가 뭐야? 대호야, 넌 그 문제를 해결하는 데 집중하면 돼.'

선배도 남들과 똑같은 이야기를 하는구나. 다들 자신을 이해하라느니, 고객 문제를 해결하라고 하는 등 추상적이고 모호하기 그지없었다. 사람들에게 해결책을 제시받지 못한 그는 이미 성공하거나 실패한 기업을 면밀하게 정량·정성 분석을 하기로 했다. 기업의 데이터와 성과를 분석하면 정답이 있지 않을까? 전자공시시스템과 스타트업 성장 분석 플랫폼, 외부 감사 기업의 IR 자료를 활용하여 기업을 분석했다. 회사의 비전과 목표, 주력 아이템, 추진 전략, 뉴스 기사에서 추출한 주요 이슈를 일목요연하게 정리했다. 그렇게 많은 기업의 사업

---

4 초기 기업의 성장 단계에 따라 투자 단계를 구분하는 개념으로, 투자 라운드(Investment Round)라고 한다. 초기 창업 기업은 시드(Seed) 투자를 시작으로, 기업이 성장함에 따라 시리즈 A, B, C, D 라운드로 진행된다. 단계가 올라갈수록 기업의 가치(Valuation)가 높아지며, 투자 유치 규모도 점차 확대되는 특징이 있다.

사업 내용, 재무, 비즈니스 모델, 전략, 환경 대응 방법을 분석하다 보니 실마리가 풀렸다. 그제야 선배가 그에게 했던 말이 떠올랐다. 잘되는 기업과 성장이 멈춘 기업의 차이는 '고객의 문제 해결'이라는 단순한 가치에 있었다. 위기와 실패를 겪으며 휘청거리더라도 중심을 잡고 다시 일어서는 기업은 명확한 고객 설정과 차별화된 문제 해결이라는 변함없는 기본 전제가 있었다. 반면 많은 관심을 받았으나 사업이 산으로 간다는 평가를 받으며 만성 적자에 시달리는 기업의 유형도 보였다. 사업 초기에는 사업 아이템의 주제와 기능이 참신하여 빠르게 명성을 얻었으나 고객과 고객 문제가 불명확하였다. 또한 사업이 확대되며 고객의 스펙트럼과 문제의 범위가 넓어진 것이다. 그렇다 보니 솔루션은 광범위하게 복잡해졌고 정체성은 잃어 갔다. 한마디로 만물 백화점이 되어 버린 비즈니스 모델이라는 공통점이 있었다. 초반의 인기로 브랜드는 구축되었으나 뚜렷한 성과가 없어 최신 기능과 트렌드에 집중한 것으로 보였다. 역시 여전히 성장하지 못하고 매출과 고객의 감소가 이어지는 것으로 나타났다. 연간 매출과 지출을 고려하여 보유 현금을 놓고 보면 회사의 생존이 1년을 넘기기 어려울 것으로 보이는 회사도 많았다.

그는 여기서 멈추지 않고 선배 회사도 분석했다. 외견상으로 볼 때 사업이 무리하게 확장하는 것으로 보였으나 타깃 고객과 제품이 해결하려는 문제는 변하지 않았으며, 해결 방법이 폭넓어졌을 뿐이다. 신문기사와 인터뷰를 보면서 선배가 말할 수 없었던 사업의 이유와 방향을 보았다. 선배의 자녀는 특정 질환에 시달렸으며, 이를 치료하기 위한 헬스케어 제품을 개발한 것이다. 그 누구에게도 도움을 받지 못하는 힘겨운 고통의 무게에 짓눌렸으며, 이 문제를 해결하기 위한 노력과 경험의 결실로 사업을 시작한 것이다. 이렇듯 성공한 창업가는 자신의 관심 분야나 보유 기술, 인사이트, 흥미가 동기가 되어 문제를 바라보고 해결하고자 하였다.

이제야 제대호가 고민했던 퍼즐이 풀리기 시작했다. 아는 만큼 보인다고, 고객의 문제를 인식하기 위해서는 무엇보다 고객이 누구이며 그들이 안고 있는 문제가 무엇인지를 정확하게 바라볼 수 있어야 한다. 그러기 위해서는 나에 대한 이해와 관심이 가장 중요하다고 인식한 것이다.

사업 아이템 도출을 위한 첫걸음

순식간에 일주일이 지나갔고, 나도한은 그 어느 때보다 제대호의 미팅을 학수고대했다. 창업의 주제 설정을 위해 사람과 사물에 대한 관찰과 호기심을 가져 보라고 하여 그동안 해 왔던 것처럼 자료 수집과 정리를 계속했다. 여전히 제자리를 맴도는 듯하여 이제 그를 만나면 그동안 고민한 사업 아이템을 한 번에 정리해 주었으면 좋겠다고 기대했다.

분주하게 자료를 정리하는 나도한을 바라보며 제대호가 물었다.
"자신을 이해하고 세상을 관찰하라는 숙제가 쉽지 않았지?"

나도한이 정리한 노트북 화면을 보여 주며 제대호에게 말했다.
"제가 관심이 있는 분야인 자기계발 영역에서 문제가 있는지 고민
했습니다. 아무래도 편향된 주제에 너무 매몰되고 있다고 느꼈네요.
그러는 동안 틈이 나면 다양한 이슈와 트렌드 기사를 챙겨 보았습니
다. 이런 패턴을 유지하다 보니 세상을 바라보는 시각도 달라지고 더
똑똑해진 것 같네요. 앞으로도 이런 루틴을 계속 가지려고 합니다. 하
지만 여전히 명확한 문제를 찾지 못했네요."

제대호는 고개를 끄덕이며 대답했다.
"자신에 대해 고민하고, 나 대표를 둘러싼 세상에 관심을 가지고 관
찰하라고 했던 이유는 무엇일까? 자세하게 이야기를 안 한 이유는 그
누구도 아닌 창업자 자신이 문제를 인식하고 대안을 고민해야 하거
든. 그런 측면에서 나 대표가 좋아하는 분야에 편중되었다고 하나 본
인이 관심이 있는 자기계발 영역으로 한정하여 바라본 것은 나쁘지
않아. 원래 나 대표는 자기계발 영역에 관심이 많았고 실제로 자기계
발에 충실하지. 그 분야에서는 나보다 훨씬 전문가고 폭넓은 이해와

문제도 인식하고 있을 거야. 다른 이보다 더 깊게 문제를 인식하고 있을 거라고 생각이 들어. 그렇다면 어떤 문제가 있는지 대략 알려 줄 수 있을까?

"문제는 많습니다. 이 노트에 정리하긴 했는데 두서가 없네요. 그리고 제가 생각한 문제가 이게 과연 문제일지 의구심이 들기도 합니다. 무엇보다 이 문제가 사업이 될지 안 될지 판단을 못 내리겠네요."

"사업성은 천천히 살펴보기로 하고 문제에 관해서 이야기해 보자고. 초기 기업은 대기업이나 기존 기업과 경쟁을 하기 위한 차별성을 가져야겠지. 그러한 힘의 원천은 바로 문제와 문제의 깊이를 얼마만큼 깊게 볼 수 있냐에 달린 것 같아. 먼저 문제가 명확히 설정되었냐가 중요하지. 문제가 명확하게 설정되면 문제의 원인을 들여다봐야해. 그것이 바로 경쟁 제품이나 서비스와 차별성을 도출할 수 있는 기준점이 될 수 있거든."

나도한은 이해가 되는 듯 고개를 끄덕이며 말했다.
"오늘 제가 생각한 문제를 당당하게 보여 드리지 못한 이유는 문제가 너무나도 불명확해서 민망했기 때문입니다."

제대호가 살며시 웃으며 이야기를 이어 나갔다.

"개인적인 견해이지만 초기 기업이 필요한 가장 중요한 3가지 요소를 뽑으라고 한다면 첫째, 명확한 문제 인식이고 두 번째가 해결 방안, 마지막 세 번째가 문제를 해결할 수 있는 역량을 가진 창업팀이라고 생각해. 그래서 문제가 아주 중요하며 계속 강조하고 있는 거야. 나중에 나 대표가 지원하게 될 정부지원사업계획서나 IR 자료는 PSST구조(Problem-Solution-Scale up-Team)와 같은 논리로 볼 수 있을 거야. 초기 기업이 해결해야 할 문제가 없다는 것은 시장 수요도 없을뿐더러 회사의 서비스나 제품을 구매할 고객도 없다고 볼 수 있어. 창업에서 문제는 매우 중요한 요소야. 이렇듯 문제 정의가 명확하지 않으면 상품이나 서비스의 방향도 잘못 짚는 경우가 많아. 나 대표가 제일 잘 알고 있는 문제를 남들보다 더욱더 구체적으로 인식할 필요가 있어. 이제 문제의 본질적인 이해에 관해 설명하려고 해. 비유가 맞는지 모르겠지만, 나 대표는 혹시 진주가 만들어지는 과정을 들어 본 적이 있어?"

오늘따라 어려운 이야기하는 제대호가 낯선 나도한은 반문했다.
"목걸이나 귀걸이를 만드는 보석인 진주 말인가요?"

"맞아, 아름다운 진주는 그 자체로서 아름답고 아무런 문제가 없을 것 같지만 사실은 조개 내부에 유입된 이물질을 근본적인 문제로 볼 수 있어. 미생물이나 모래알 등 특정한 이물질이 조개 안으로 들어오면 조개는 자신을 보호하기 위해 진주층(Nacre)이라는 물질을 계속 분비하여 문제를 감싼다고 하네. 진주층이 한겹 한겹 쌓이게 되고 그렇게 진주를 만들면서 자신을 보호하지. 문제를 감추기 위해서 겹겹이 층을 쌓는다고 생각해 봐. 이렇듯 세상의 모든 문제의 원인은 겉으로 드러나지 않고 숨겨져 있어."

"그렇다면 아름답거나 멀쩡하게 보일지 몰라도 내부를 들여다보면 문제의 원인이 겹겹이 가려 숨겨져 있다는 말씀인가요?"

"그렇지, 근원적인 문제는 존재하고 겹겹이 싸인 무언가로 보이지 않을 뿐이야. 이번에 나 대표의 회사도 대금 결제 등의 이슈가 있었지? 최근 이커머스 시장의 단적인 예를 볼 수 있지. 관련 산업에 종사하거나 이커머스의 생태계를 잘 알고 있는 사람은 깊숙한 곳의 본질적인 문제를 보고 진작에 위험을 인지했지만 평범한 판매자나 고객과 같은 일반인의 관점에서는 문제를 보지 못했지. 겉으로 드러난 문제가 아닌 문제를 둘러싼 껍질을 벗겨 보면 이커머스 시장의 본질적인 문제와 한계가 복잡하게 얽혀 있다는 점이야."

제대호의 뜻을 이해한 나도한이 대답했다.
"그래서 이해, 관찰 등 다소 추상적인 숙제를 내 주셨군요!"

허탈하게 웃는 나도한을 보며 제대호가 말했다.

"우리가 해결해야 할 문제는 그렇게 쉽게 모습을 나타내지 않아. 어떤 사람이 문제를 잘 인식할까? 창업가의 유형에도 그런 사람이 있긴 한지. 보통 먼저 본인이 겪고 있는 문제를 인식하고 새로운 대안을 제시한 예도 많은 것 같아. 아니면 가족이나 지인, SNS에서 시장에서 일어나는 문제를 해결하는 사례도 있어. 또한 고도의 전문 분야의 기술을 가진 사람이 의료계나 산업계의 문제를 풀기 위해 창업하는 분도 계시지. 가끔 대학의 교수님이나 실험실에서 보유한 기술을 기반으로 사업을 하려는 딥테크 창업 아이템을 컨설팅하는데 이런 경우로 볼 수 있지. 마지막으로 공유 플랫폼처럼 해외 기업을 벤치마킹한 사례도 있어. 나 대표가 가장 잘할 수 있는 분야 또는 관심이 있는 곳 중에서 문제점을 찾아보라는 관점으로 주위를 관찰하라고 했던 거야."

나도한은 조금씩 이해가 되는 듯한 표정을 지으며 대답했다.

"저는 시장성이 유망한 아이템을 찾는 과정으로 이해했어요. 그렇다 보니 제가 생각한 자기계발과 관련된 문제와 이슈는 시장성이 낮을 것으로 보여 자신이 없었습니다."

"물론 사업을 추진하다 보면, 시장이 크고 유망한 섹터에 진입하여 영위하는 사업이 유리할 수 있어. 하지만 나 대표는 창업이 처음이기 때문에 자신이 잘 알고 있는 관심 분야를 가지고 관찰하며 문제를 인식하는 경험이 중요해. 아직도 시간은 충분하고 해결할 수 있는 문제는 어디든 있지. 이제 문제의 중요성을 강조하는 이유를 알겠지? 즉, 문제가 없다면 고객은 굳이 지갑을 열 이유가 없겠지. 반대로 고객의 문제가 선명하고 고통스럽다면 문제를 해결하기 위해 비용을 내겠지. 그것이 곧 시장이 좋아하고, 시장에서 요구하는 사업 아이템이 되는 거야."

"창업가가 정확한 문제를 인식하고 고객 문제의 시작점을 찾아내는 것이 관건이겠지요?"

"그렇지. 지금은 우리가 문제를 이야기하고 있지만, 고객의 문제는 곧 고객의 고통, 불편, 불안이고 창업가는 이를 해결해 주는 것이 비즈니스의 시작이라고 강조하고 싶어. 나 대표가 생각하고 있는 고객의 페인 포인트(Pain Point)는 다른 누구보다도 자신이 있고 전문적으로 문제를 진단하고 대안을 제시할 수 있을 거야. 나 대표는 2030 세대와 자기계발의 욕구를 심도 있게 이해하고 있으니 좋아."

"네, 페인 포인트라고 하니 구체적인 몇 가지 아이디어가 떠올랐어요. 그런데 다시 한번 생각하면 비슷한 서비스나 해결 방안이 있는 것 같네요."

"이미 비슷한 프로덕트가 있다는 것은 시장이 형성되어 있다는 뜻이지. 레드오션일 수도 있지만 아예 맨땅에서 시작하는 것보다 나을 수가 있어. 이때 필요한 것이 기존 프로덕트와 비교한 우리만의 차별화 전략이지. 그리고 이미 문제를 해결하는 제품이나 서비스가 존재한다면 우리의 사업 아이템은 기존 대안과 차이점, 특장점을 갖춰야 하겠지. 그것도 매우 중요한 요소이지만 사업 아이템을 구체화하는 과정에서 잠시 미루어 두고 생각해도 괜찮아. 문제만 명확하다면 해결 방안은 나중에 고민해도 늦지 않거든. 방향이 틀어진다고 해도 분명 나 대표도 배우는 계기가 될 테니, 차근차근 배우고 실행해 보는 과정이 창업가에겐 중요해."

"이제 무슨 말씀 하시려고 하는지 이해가 가네요. 그런데 나중에 다룰 내용이라고 하셨지만, 사실 차별화가 쉬운 일이 아닌 것 같아서 벌써 걱정이 드네요."

"그런 차별성을 확보하기 위해서 단편적으로 기존 시장의 경쟁 제품과 서비스를 분석할 수 있겠지만, 문제의 원인이라는 기준을 잘못 설정하게 되면 잘못된 결과와 차별성을 도출할 수 있어. 그래서 문제를 정의할 때 가장 중요한 점은 문제의 본질을 파악하는 거야."

"문제의 본질이라…. 아까 진주 이야기처럼 표층 안에 있는 결함,

즉 깊숙한 문제 말씀일까요?"

"응, 진주의 모양이나 흠집 등 표면적인 문제가 있을 수 있지만 우리가 주목해야 할 문제는 겹겹이 쌓여 숨어 있는 근본적인 문제야. 물론 진주는 워낙 견고히 쌓이고 완성되어 그 자체가 아름다운 보석이지만 우리가 사는 세상에는 감춰진 문제가 또 다른 문제를 일으키지. 물론 진주의 경우는 단순한 문제와 원인으로 구성되어 있지만, 나 대표가 해결할 문제는 훨씬 더 복잡할 거야. 일반적인 상식이나 외견상으로 볼 때 문제로 보이지만 한 번 더 깊숙하게 살펴보면 또 다른 원인이 있어. 다시 한번 더 내려가서 살펴보면 연결되는 원인이 있을 테고 그렇게 계속 따라가면서 근본적인 문제를 찾아내야 해. 우리가 아는 '미봉책'이라는 말이 있듯이, 진짜 숨겨진 본질적인 문제를 인식하고 해결하지 못하면 단편적인 문제로 인한 고객의 고통만 해결할 수밖에 없어. 그러면 고객의 고통은 여전히 멈추지 않고 고객은 불만족을 느끼겠지. 그래서 본질적인 문제에 집착해야 하는 거야. 문제는 마치 인과관계처럼 연결되어 있으니 가장 깊숙한 곳의 문제의 원인을 끄집어내서 근원적인 문제를 해결하고 차별성을 제시하는 훈련이 필요해. 물론 관찰자의 인식에 따라 상대적으로 다양한 접근으로 문제의 원인을 제시할 수 있으니, 창업가의 기준과 논리가 매우 중요하지."

"말씀 주신 내용을 정리하면 정확하게 문제를 진단하고, 문제의 원인이 되는 본질적인 문제를 찾아 나가는 게 제일 중요한 시작점이겠네요. 그래야 고객의 페인 포인트를 근본적으로 해결하고 차별성을 제안할 수 있다는 말씀이지요?"

"맞아. 소규모 초기 기업일수록 근원적인 문제와 원인 파악이 더욱 중요한 이유야. 이해하기 쉽게 내 사례를 들어 볼게. 예전에 ○○○○에 근무하던 시기인데, 신규사업팀이라 야근과 주말 근무도 많고 일정에 쫓겨 엄청난 스트레스에 시달리던 시절이었어. 몸과 마음도 피곤했는데 어느 날 잇몸이 퉁퉁 붓고 이빨이 너무 아팠어. 보통 직장인들은 치과 진료를 받으면 아프기도 하고 비용과 시간을 가늠할 수 없어 치과를 두려워해. 무엇보다 엄청 바쁘고 갑자기 많은 일이 터지면 예약하기도 쉽지 않아. 그렇지 않으면 점심시간에 틈내어 방문해도 대기 인원이 많잖아. 진료를 보게 되더라도 혹시나 치아를 뽑고 임플란트를 심으면 어떡하나 걱정이 되지. 당장 치료 비용과 해야 할 업무로 눈앞이 깜깜할 거야. 정말 치명적이지 않다면 보통 진통제로 해결하게 되지. 당시 나는 회사 업무도 버거운데 집안일까지 겹쳐 진통제를 먹고 버티었거든. 사실 순간의 고통을 해소하기 위한 진통제는 단순한 임시방편에 불과했던 거지. 진통제를 먹어도 통증은 계속되었어. 오히려 내성이 생겨 진통제의 양과 복용 횟수만 늘어날 뿐이었어."

제대호의 사례를 들은 나도한은 비로소 이해되었다는 듯이 대답했다.

"저도 비슷한 경험을 한 적이 있네요."

제대호는 설명을 이어 갔다.

"나의 치통이 발생하는 원인이 무엇일까? 급한 마음에 치과를 찾았지만, 시간이 없어 간단한 치료와 약을 처방받았어. 치과의사는 지속적인 치료를 해야 한다고 했는데 그럴 순 없어서 본질적인 문제 해결을 못 하고 임시방편으로 진통을 멎는 처방만 받았던 거야. 그러던 중 우연히 치과의사인 친구를 동창회에서 만났는데, 최근의 고충을 토로했지. 치아 상태와 잇몸을 보더니 나에게 맞는 칫솔 종류를 알려 주고 올바른 칫솔질을 하라고 하더라고. 잇몸과 치아를 짧고 부드럽게 닦는 방식의 양치질 방법을 추천했어. 하지만 양치질할 때마다 신경도 쓰이고, 익숙하지 않아 시간도 너무 오래 걸려 포기하려고 했지. 그래도 아픈 것보다 나은 것 같아서 양치 습관을 바꾸었어. 그리고 정기적으로 검진과 스케일링을 했더니 그 후로 통증이 하나도 없어졌어. 분노의 양치질이라고 들어 봤지? 매일 아침에 급한 마음과 스트레스로 온 힘을 실어 빠르게 양치질했는데 그러한 행동이 누적되어 나의 잇몸과 치아를 망가트린 거야. 잘못된 양치질 습관이 본질적인 문제가 아니었을까? 이제 문제의 원인과 근원적인 문제 해결의 중요성을 이해할 수 있겠지?"

제대호의 설명을 듣고 나니 그에게도 비슷한 사례가 떠올랐다. 불과 6개월 전, 번아웃과 불안감에 지쳐 짧게나마 술에 빠져 살던 시기가 있었다. 야근과 음주에 몸은 망가졌고 하루하루가 너무 피곤했다. 점심을 먹고 나면 졸음이 밀려왔으며, 초저녁에도 피곤함이 몰려들어 효과가 좋다는 비싼 피로회복제를 복용했다. 만성 피로의 근본 원인은 해결되지 않았다.

술을 자주 마시다 보니 불규칙한 저녁 식사와 기름진 안주로 인해서 뱃살과 몸무게도 늘어났다. 체중 감량을 위해 주말에는 혹독한 운동을 하였고, 과도한 운동 탓에 무릎과 발목의 통증이 심해졌다. 피트니스 클럽의 다른 회원보다 운동 시간과 강도를 늘려도 몸무게는 줄지 않고 무릎과 발목까지 아파져 온 것이다. 총체적인 난관이라 생각되어 트레이너와 상담했다. 트레이너의 조언대로 술을 줄이고 식단 관리를 하면서 러닝과 가벼운 운동을 했다. 일단 술을 끊는 순간부터 몸이 바뀐 것을 느낄 수 있었다. 그의 몸이 원했던 것은 피로회복제와 과도한 운동이 아니라 절주와 건강한 식단이었다.

나도한의 사례를 이야기하니 제대호가 공감하며 말했다.

"그렇지. 우리가 배우고 겪은 교훈은 근원적인 문제와 해결의 중요성을 강조하는 거야. 겉으로 드러난 문제가 아닌 모든 문제를 파헤쳐서 문제 간의 인과관계를 생각해야 해. 결국 문제의 근본 원인을 명확하게 정의해야 처방, 즉 근원적인 문제 해결이 가능한 솔루션을 제시할 수 있겠지. 근원적인 문제를 해결했을 때 비로소 평온을 찾았듯이. 경쟁사가 보지 못한 근원적인 문제와 해결책으로 차별성을 제시하는 것. 이제 우리가 경험했던 사례를 그대로 사업으로 적용해 보는 거야. 그동안 고민했던 문제를 명확하게 정의해 보고, 나타난 문제와 문제 간의 관계를 고민해 줘."

"네, 문제와 문제의 인과관계를 연결하듯 과정을 정리해 보면 될까요?"

"적합한 다이어그램이 있긴 있어. 일본 동경대학의 가오루 이시카와 박사가 만들었다고 알려진 '이시카와 다이어그램'을 추천할게. 해외 경영컨설팅 회사 보고서에도 활용하는 사례를 봤어. 정말 다양한 이름이 있는데 혹시 나 대표는 생선 뼈처럼 생긴 '특성요인도'나 어골도(魚骨圖)라고 들어 봤을까? 보통 피시 본 차트(Fish born Chart)라고도 해."

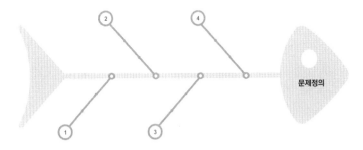

그림 4 문제의 원인을 분석하는 특성요인도(피시 본 차트)

"저도 이 다이어그램은 보고서에서 쓴 적이 있어요. 파워포인트로 된 템플릿이 있어서 추진 경과를 보여 주는 장표로 그려 본 적이 있습니다."

"경과나 현황을 보여 주는 용도도 활용할 수 있겠지만 원래 취지는 문제의 원인으로 생각할 수 있는 요인을 최대한 뽑아내어 구조화할 때 이용해. 난 주로 사업 아이템 설정을 위해서 근원적인 문제를 도출하는 데 활용했지. 그동안 우리가 이야기했던 문제의 정의와 근본 원인을 시각적으로 볼 수 있어. 생선 머리에는 문제를 정의하고 생선의 가시에 문제의 원인을 순서대로 적어 보는 거야."

"네, 그동안 고민했던 아이템과 문제를 생각했으니 여러 문제 유형을 가시로 구분된 카테고리로 구분하여 체계적으로 정리할 수 있을 것 같네요."

"참, 내가 일했던 신규사업팀에서는 새로운 사업과 프로젝트를 고려할 때 시장 크기와 산업 특성을 먼저 검토했거든. 하지만 초기 기업이 시장 규모를 따지기에 이른 감이 있으니, 문제에 기반한 사업 아이템을 먼저 확정한 다음에 시장을 분석하기로 해. 그전까지 명확한 문제와 문제의 본질을 찾아내는 데 집중했으면 좋겠어. 피시 본 차트로 대략적인 문제를 정의하면 문제와 원인을 여기에 다시 정리해 봐. 이

프레임워크는 나 대표에게 제공하는 첫 번째 양식이야. 나중에 계속 응용되고 확장되니 이번에 잘 활용해 봐."

"네, 알겠습니다! 이제 조금씩 감이 잡히기 시작했습니다! 안 그래도 여기 「나도한의 창업 노트」라고 노트를 만들어 정리하고 있는데, 아직 그럴듯한 내용을 한 장도 채우지 못했습니다. 조금씩 의미 있는 결과물이 채워지면 나중에 전자파일로도 정리하려고 합니다. 앞으로 차곡차곡 기록하도록 하겠습니다."

"응, 꼭 필요해. 사실상 지금은 사업 계획을 기획하는 절차인데, 나중에 지원사업계획서에도 활용하겠지만 무엇보다 진짜 나 대표의 창업을 위한 사업계획서를 작성하는 과정이야. 정부 지원사업계획서처럼 요건이나 순서는 없어도 괜찮아. 중간에 바뀌고 개선되면서 버전 관리도 자연스럽게 되기도 해. 이렇게 사업 계획을 충실하게 구성하면 조금 전에 이야기했듯이 회사의 사업 계획 아카이빙으로 활용할 수 있지."

"저도 회사에서 자주 쓰는 문서와 워딩을 통합해서 필요한 부분을 발췌해 사용하곤 합니다."

"흔히 말하는 '원 소스 멀티 유즈(One Source Multi Use)' 전략

의 일환으로 볼 수 있는데 사업 계획이나 비즈니스 모델, 시장조사 등과 관련된 문서를 모두 합쳐서 통합하여 관리하는 방법이야. 이후 사업계획서나 IR 자료 만들 때도 유용한 참고 자료로 활용할 수 있으니깐 폴더를 만들어 관련 자료를 차곡차곡 저장해서 관리해 둬. 간혹 창업가들이 이미 작성된 회사소개서나 사업계획서를 타이틀과 날짜만 수정하여 여기저기 돌려 가며 활용하는 경우가 있어. 자료를 검토하는 사람을 배려하지 않는 바람직하지 못한 습관이야. IR 자료를 보는 대상과 목적이 다를 것이고 각 사업도 목표와 범위가 있으니, 그에 맞는 적절한 문서를 작성하여 제공해야 하거든. 매번 자료를 새로 만들기 어려우니 미리 자료 정리가 잘되어 있으면 필요한 내용만 뽑아내어 효과적으로 활용할 수 있지. 그리고 나중에 창업하게 되면 여러 지원 기관에 제출하는 많은 자료를 만들어야 하는데, 사전에 축적해 두면 빨리 대응할 수 있고 자료 덩어리를 보면서 수시로 업데이트할 수 있지. 그러면 자연스럽게 사업 계획은 더욱 꼼꼼해지고 구체성이 향상될 거야!"

01. 나도한의 창업 노트: 고객의 근원적인 문제 도출

A. 대상 (고객)	자기계발에 관심이 많으며, 지식콘텐츠를 만들고 싶은 2030 직장인	B. 고객이 느끼는 불편함 (Pain)	재능 공유 또는 강의 플랫폼이 있으나, 직장인이 가입하고 활동하기에 다양한 어려움과 한계가 존재

C. 눈에 보이는 문제	D. 1차 원인-결과	E. 2차 원인-결과
• 높은 퀄리티의 콘텐츠 제작이 어려움. 퀄리티가 낮으면 신뢰감 형성 어려움 • 지속 가능한 콘텐츠 제작 어려움 • 후발주자로서 경쟁력 취약 • 브랜드와 홍보 활동이 부족하여 콘텐츠가 주목받지 못하고 활용되지 않아 플랫폼상에서 방치되거나 사장됨	• 자신의 지식 및 노하우 기반의 강의나 팁 등을 고품질 콘텐츠화 노력 (시간, 비용 소요) • 제작 콘텐츠의 분량 및 범위 확대 어려움 • 인지도 및 브랜드가 취약하여 홍보의 어려움	• 콘텐츠 제작을 위한 스킬 부족 (툴, 방법 등이 복잡하고 다양함) • 틈내어 작업을 해야 하는 직장인은 장시간을 투입하여 많은 분량의 콘텐츠 제작에 어려움 • 브랜드 구축 및 콘텐츠 제작을 위한 노하우 및 효율적인 방법 이해 부족

F. 근원적인 문제

• 직장인이 가진 한계인 시간, 비용, 자원의 부족
• 단편적인 정보 제공 콘텐츠는 제작할 수 있으나, 많은 분량의 강의와 같은 방대하고 지속적인 콘텐츠 제작 어려움
• 회사에 소속된 직장인은 브랜드 구축과 적극적인 마케팅 및 홍보가 불가능하고 충분한 자원을 투입할 여력이 없음 (투잡으로 오해받을 수 있음)

고객의 근원적인 문제 도출

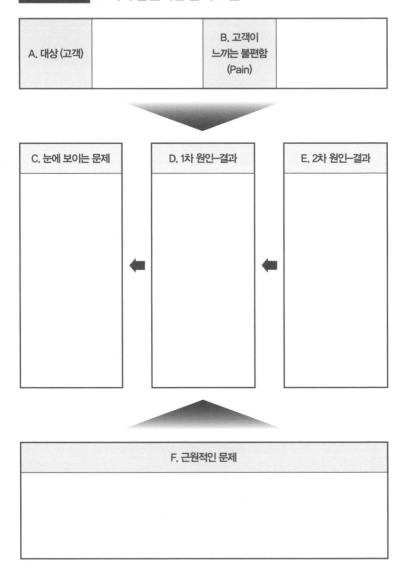

2.

페르소나는
나의 고객을 투영한다

독서 모임이 없는 주말이지만 나도한의 부탁으로 제대호가 시간을 내어 만나기로 했다. 카페에 도착한 제대호는 나도한이 정리한 「고객의 근원적인 문제 도출」 프레임워크를 훑어보며 말했다.

"몇 가지 손보고 보완할 게 있는데, 이 정도면 될 것 같아. 어차피 앞으로 몇 가지 추가적인 분석과 고민을 하면서 바꾸거나 개선할 수 있으니 걱정 안 해도 괜찮아. 다만, 작성된 내용만 봐서는 고객과 이용자가 구분이 안 되는데, 조금 뒤에 정리가 될 거야."

"네, 작성하는 건 쉬운데, 양식에 맞춰 작성하면서 저도 확신할 수 없어서 애매했네요. 정말 이렇게 하면 될까요?"

"고객이 명확하지 않으면 확신이 없기도 해. 페르소나 분석을 하면 더욱 명확한 문제 정의와 근원적인 문제를 분석할 수 있어. 또한 조금

전에 이야기한 고객과 이용자의 구분도 가능하지. '페르소나'라는 개념은 들어 봤지?"

"대학생 때 교양 수업이나 영화 리뷰에서 들어 봤습니다. 그런데 창업에서도 고객을 설명하면서 많이 거론되더라고요."

"영화에서 '페르소나'는 감독의 작품관을 가장 잘 대변하는 배우를 의미하는 경우가 많아. 세계적으로 유명한 감독인 마틴 스코세이지는 오랫동안 로버트 드니로와 함께 작품 활동을 해 왔고, 이후에는 레오나르도 디카프리오와 그의 작품 세계를 구축했어. 이처럼 감독에게 페르소나는 창작의 영감을 주는 존재이자, 감독의 세계관을 표현하는 배우를 의미하기도 해. 우리나라에서는 봉준호 감독과 송강호 배우, 윤종빈 감독과 하정우 배우가 그러한 관계로 알려졌지."

영화를 좋아하는 나도한은 갑자기 웃음이 나왔다. 어느 감독과 배우의 모습이 떠올랐기 때문이다. 그러한 나도한을 바라보며 제대호가 화제를 돌렸다.

"이야기가 잠깐 샜는데 페르소나는 그리스어와 라틴어의 어원으로 가면으로 생각하면 돼. 개인적으로 페르소나와 관련된 해프닝이 있었어. 미국인이 이야기할 때는 '퍼—ㄹ 쏘우나'라고 발음하고 영국식은 '퍼—쏘우나'로 발음한다고 해서 퍼소나가 맞는 발음이래. 그래서 그런지 학생 창업경진대회 발표에서 퍼소나라고 하는 친구도 있어. 나도 정확한 발음으로 해야겠다는 생각이 들어 한번은 창업캠프 교육에서 퍼소나라고 알려 줬지. 나중에 어느 평가위원이 참가 학생에게 발음을 지적하고 그 자리에서 그들은 논쟁을 벌였어. 내가 괜한 일을 만든 것 같아서 다음부터는 마음 편하게 페르소나로 통일하기로 했어. 페르소나고 퍼소나고 간에 의미와 활용 방법을 정확하게 이해하면 돼."

"페르소나가 왠지 콩글리시 같다는 생각도 드네요. 아무튼 창업을 알아보면서 페르소나를 다루는 콘텐츠를 많이 보았습니다. 마케팅에서도 페르소나를 강조하더라고요."

"페르소나 분석의 활용 방법도 중요하지만 우선 페르소나를 설정해야 하는 이유를 짚고 갈게. 페르소나는 특정 사업에서 대표적인 고객의 특징을 구체적으로 묘사한 가상 인물이야. 그런 페르소나는 제품이나 서비스를 구매하는 사람이니 페르소나를 분석하면서 고객에 대한 이해를 깊게 할 수 있는 거야. 잠재 고객 및 타깃 고객을 페르소나로 설정하면서 페르소나가 느끼는 고통과 문제를 더욱 정확하게 이해하고 분석할 수 있겠지. 한편 창업팀 내부에서 대표, 개발자, 디자이너가 타깃 고객을 다르게 인식한다면 어떤 일이 벌어질까? 그러므로 특정한 페르소나를 공유하면서 공통된 가치를 지향할 수 있고 추후 마케팅의 타깃 대상으로 적용할 수 있어."

"아까 영화 이야기하셔서 갑자기 생각났는데, 제가 어릴 적에 봤던 영화에서 나온 '나는 한 놈만 패.'라는 대사가 떠오르네요. 고객을 구체적으로 설정할 수 있겠네요."

"맞아, 나도 그 영화가 기억나네. 앞서 우리가 문제를 정의했듯이 그 문제를 직접적으로 겪고 있는 대표적인 대상으로 좁혀야 해. 예상 고객의 스펙트럼이 넓어져서는 안 돼. 최대한 좁게 대상을 한정할 필요가 있어. 정말 고객 한 분을 데려와 때리면 안 되겠지만, 예상 고객 한 명을 집중해서 파고드는 거야. 고객 설정의 타당성과 일관성을 확보하는 거지. 대신 페르소나를 정의할 때 유의할 포인트가 있어. 가상의 인물이지만 현실과 너무 동떨어진 인물로 만들어서는 안 돼. 그래서 보통 창업가가 페르소나를 설정할 때 문제와 어려움을 겪고 있는 지인, 거래처, SNS 사용자의 특성을 그대로 가져오는 예도 있거든. 나 대표도 본인의 배경과 인식을 기반으로 작성해도 괜찮아."

"지난번 숙제보다 조금 쉽게 정리할 수 있을 것 같습니다."

자신감과 안도감에 밝은 표정을 지은 나도한을 보면서 제대호가 말했다.

"페르소나를 이야기하면 대부분 창업가가 쉽고 재미있게 받아들이지. 하지만 중요한 것이 있어. 반복하는 이야기지만 문제를 정확하게 인식해야 그에 맞는 적절한 페르소나를 도출할 수 있어. 페르소나가 안고 있는 문제를 창업가 관점에서 쟁점을 뽑아내고 이후 분석에 반영해야 해. 편견 또는 잘못된 정보로 페르소나를 설정하면 문제의 본질과 동떨어진 해결책을 제시할 수 있으니 조심해야 해."

"저의 사업 모델은 비교적 간단하고 고객도 명확하니 다행입니다."

"나 대표가 작성한 고객의 근원적인 문제 도출을 보고 이야기했지만, 보통 플랫폼 비즈니스의 경우 페르소나를 이용자와 고객으로 구분해야 한다는 점이 중요해. 한번 취업 구인·구직 웹사이트의 예를 들어 볼까? 채용 플랫폼의 주요 매출원은 기업의 채용 공고 등록 수수료와 광고 수익 등이야. 즉, 유료 채용 공고를 등록하거나 광고를 의뢰하는 기업 회원이 주요 고객이 되는 거지. 따라서 채용 플랫폼의 핵심 고객인 페르소나는 인사담당자나 채용 실무자로 설정할 수 있어. 하지만 채용 플랫폼이 원활하게 운영되려면 채용 후보자인 '이용자'(구직자)가 반드시 확보되어야 해. 기본적으로 이용자는 플랫폼을 무료로 사용할 수 있어. 고객과 이용자의 관계가 보이지? 물론 최근에는 구직자를 위한 프리미엄 서비스(이력서 첨삭, AI 면접 분석, 자기소개서 컨설팅 등)를 선보이면서 이용자에게도 과금을 하는 비즈니스 모델이 확장되기도 해. 하지만 기본적으로 이용자인 구직자가 플랫폼 안에서 활발하게 채용 공고를 조회하고 구직 활동을 해야 기업 회원인 고객의 이용과 비용 결제가 증가하겠지. 서비스 유형에 따라 이용자가 특정 유료 서비스를 이용할 수도 있지만, 기본적으로 고객과 이용자의 역할이 구분된다는 점이 핵심이야."

새로운 사실을 알았다는 표정으로 나도한이 끼어들며 이야기했다.

"생각해 보니 배달 플랫폼도 앱을 이용하는 이용자와 광고비 및 수수료를 지불하는 점주인 고객으로 구분할 수 있겠네요? 그리고 최근의 배달 앱도 무료 배달 등 혜택이 더 많은 유료 멤버십이 있지만 보통 무료로 이용하잖아요."

나도한이 정확하게 이해하고 있다는 생각에 제대호가 웃으며 이야기를 이어 갔다.

"맞아, 정확해! 배달 플랫폼 사례도 비슷하구나. 다시 채용 플랫폼의 이야기로 돌아갈게. 일반적으로 이용자인 구직자는 채용 플랫폼에 비용을 지급하지 않지만, 채용 플랫폼의 제공 서비스를 활용하는 이용자로서 중요한 의미를 가져. 플랫폼의 성과로서 MAU[5]와도 관련이 있을 것이고, 입사 지원과 채용 성사율 등의 KPI[6]도 있을 것으로 예상돼. 추후 채용 플랫폼의 비즈니스 모델이 확장되면 채용 후보자인 이

---

5 MAU(Monthly Active Users)는 '월간 활성 이용자 수'로, 한 달 동안 앱 또는 웹사이트에서 최소 1회 이상 활동한 고유 사용자 수(Unique Users)를 식별하는 데 사용하는 핵심 지표다. 이를 통해 서비스의 현재 이용자 상태와 성장 추이를 평가할 수 있다. 또한 MAU는 광고·구독·결제 기반 서비스에서 수익성을 극대화하는 중요한 요소 중 하나로 활용된다.

용자를 대상으로 교육 또는 수수료를 받을 수 있어서 잠재적인 수익원이 될 것이고. 이용자인 구직자가 많이 들어와서 구직활동이 활발하게 이루어져야 고객인 기업 담당자는 구인 공고문을 등록하고 상단 노출이나 배너광고를 통해 적극적으로 유능한 인재를 찾을 거야. 이렇듯 비용을 지불하는 사람이 누군지에 따라서 고객과 이용자를 구분하여 페르소나를 정의할 필요가 있어."

"네, 저의 사업은 이용자와 고객이 동일한 집단이긴 하나 구분이 될 듯합니다."

"그래, 나 대표의 비즈니스는 고객과 이용자가 혼재될 수 있겠네. 기본적인 전제는 이용자 중에서도 콘텐츠 생산자가 있겠지. 그리고 콘텐츠를 활용하는 이용자는 유료 콘텐츠를 구매할 수 있는 고객으로 구분할 수 있겠네. 즉, '지식 공유 커뮤니티 플랫폼'이 동작하기 위하여 가장 중요한 '콘텐츠 생산자'인 이용자가 있어야 할 것이고, 콘텐츠를 사용하고 비용을 지급할 '고객'으로 나눠 보면 돼. 페르소나는 이용자와 고객으로 나누면 되지만, 앞으로 사업 계획은 고객의 관점이 중요해. 하지만 콘텐츠 생산자도 나 대표 사업의 핵심 가치가 될 수 있

6　KPI(Key Performance Indicator)는 '핵심성과지표'로, 설정한 목표의 성과를 측정하는 데 활용되는 지표다. 조직 전체, 부서(팀), 개인별 단위로 KPI를 설정할 수 있으며, 일반적으로 정량적 지표를 활용하지만, 고객 만족도 같은 정성적 지표도 포함될 수 있다.

으니, 자원 배분과 전략 설정이 중요하겠네. 이 부분은 차후에 논의하고 우선 페르소나에 대해서 고민해 보자고."

"네, 저도 말씀 주신 유형처럼 생각했습니다. 페르소나를 나누어서 정리해 보겠습니다."

"다시 말하지만 페르소나를 분석하는 목적을 잊으면 안 돼. 중요한 것은 페르소나를 활용하여 고객이 겪고 있는 근본적인 문제를 찾아봐야 해. 이를 통해 사업의 방향과 차별성을 찾아내는 연계 과정으로 꼭 필요하거든. 페르소나는 단순한 고객 설정이나 분석이 아니라, 최대한 목표 고객의 구체성을 확보하면서도 사업 아이템의 개연성을 확인하는 도구야. 그러니 세상에 존재할 수 없는 가상의 고객을 만들어서는 안 되고, 실제 시장에 존재하는 나 대표의 핵심 고객을 설정해야 한다는 뜻이지. 이를 위해 회사 인사카드처럼 고객 특성을 정리할 수 있는 템플릿을 활용하기도 해. 나중에 이 양식을 그대로 사업계획서에 붙여서 제출하는 건 적절하지 않지만, 내부적으로는 사업 방향을 진단하고, 팀원들 간에 일치된 타깃을 공유하는 강력한 도구로 활용할 수 있어. 우선 페르소나 분석이 끝나면 나 대표가 작성한 '고객의 근원적인 문제 도출' 프레임워크도 수정해야 할 거야. 또 나중에 페르소나가 바뀔 수도 있지만, 지금 단계에서는 나 대표의 사업 아이템을 더욱 뾰족하게 만들어 줄 중요한 도구니까 신중하게 고민해서 설정해 봐!"

02. 나도한의 창업 노트 : 페르소나 프로파일(이용자 : 콘텐츠 생산자)

지식 공유 커뮤니티 플랫폼 : 페르소나 프로파일

성명	강미래		
나이	28		
성별	여성		
거주지	서울		
직업	퍼포먼스 마케팅 (3년 차)	소득 수준	4천만 원 이내
특이사항	직장생활 및 직무 성장을 위한 독서 모임, 세미나 참석		
주요 관심사	SNS 콘텐츠 제작, 자기계발, 인적 네트워크 확장		
성향 및 특징	새로운 도전과 학습을 즐김. 외향적이면서 인생의 목표가 선명함		

페르소나가 겪고 있는 문제(고통)

- 차별화된 업무 지식과 노하우를 보유하였으나 강의 등 지식 콘텐츠를 제작하기에 콘텐츠 분량, 제작 시간과 기술 부족
- 외주 업체 등에 의뢰하기에 비용 등 자금 확보의 어려움
- 유튜브 등에 일부 자료를 공개하였으나 조회수 및 반응이 없고 채널 성장이 더딤

페르소나가 대안 선택에서 추구하는 가치(기능, 기대)

- 최소한의 시간과 비용, 노력으로 효과적인 지식 콘텐츠 제작
- 시간, 분량에 구속받지 않고 보유 역량을 활용한 지식 콘텐츠화
- 당장 수익 창출이 안 되더라도 지식 콘텐츠 제공과 소통을 통한 스킬 업 및 성장

페르소나가 문제 해결(욕구 충족)을 위해 이용하는 제품 또는 서비스

- 개인 SNS(인스타그램, 유튜브) 등에 Canva, 영상 제작 툴 등을 활용하여 콘텐츠 제작
- 직장인(성인) 대상 온라인 강의 플랫폼 제안
- 재능마켓 플랫폼

기존 대안의 만족/불만족 여부 및 이유

- 노하우 및 꿀팁 등 단편적으로 제공된 콘텐츠는 반응이 좋음. 하지만 높은 퀄리티의 콘텐츠 및 지속적인 콘텐츠를 제공하지 못해 SNS와 채널이 성장하지 않음
- 온라인 강의 플랫폼에 강의를 등록하기 위해서 인지도가 필요하며, 강의 주제의 한계로 강의 분량이 많지 않음. 이에 따라 온라인 강의 플랫폼의 강사 등록 어려움
- 회사에 소속되었으므로 과감한 홍보와 브랜드 구축이 어렵고 인맥 확장에도 한계

02. 나도한의 창업 노트 : 페르소나 프로파일(고객)

지식 공유 커뮤니티 플랫폼 : 페르소나 프로파일

성명	이자신		
나이	32		
성별	남성		
거주지	경기도		
직업	IT 엔지니어 (5년 차)	소득 수준	5천만 원 이내
특이사항	직무 능력과 성과는 뛰어나지만, 인적 네트워크 부족		
주요 관심사	최신 기술 습득, 부업(투잡), 이직		
성향 및 특징	기술 기반의 개발 능력이 우수함. 문제 해결 및 분석 지향		

페르소나가 겪고 있는 문제(고통)

- 불확실한 업계에서 도태되지 않기 위해 지속적인 기술 습득과 트렌드를 이해하고 싶으나 시간과 인맥 부족으로 어려움을 겪고 있음
- IT와 관련된 온라인 강의 플랫폼에서 지식과 인사이트를 얻었으나, 최근 콘텐츠의 깊이가 부족함을 느낌. 알고 싶거나 필요한 내용은 단편적인 부분인데 강의가 너무 방대함. 모든 회차의 강의를 안 보게 되거나 수강 결제가 꺼려짐
- 광고나 펀딩을 통해 수강 신청을 하였으나, 강사 및 강의의 퀄리티가 너무 떨어짐. 강의 구매 이후 기대에 못 미쳐 완강하지 않고 포기하는 경우가 몇 차례 있음

페르소나가 대안 선택에서 추구하는 가치(기능, 기대)

- 직무뿐만 아니라 관련 업종의 정보와 트렌드를 빠르고 쉽게 습득
- 일반적인 직무 내용이 아닌 현업에서 부딪힐 수 있는 실무 중심의 문제 해결 방안
- 관심사가 비슷한 이들과 커뮤니케이션을 통한 지속적인 성장 기회 확보
- 추후 자신의 스킬과 역량을 활용한 지식 콘텐츠화 희망

페르소나가 문제 해결(욕구 충족)을 위해 이용하는 제품 또는 서비스

- 블로그 (티스토리, 브런치, GitHub 등)
- 국내외 IT 기술 관련 온라인 강의 플랫폼, 커뮤니티

기존 대안의 만족/불만족 여부 및 이유

- 비슷한 주제의 유사한 주제와 내용의 블로그, 콘텐츠가 너무 많음
- 콘텐츠를 기대하고 펀딩하거나 수강을 하였으나, 경력과 성과가 포장된 강사와 낮은 강의 퀄리티에 실망

Framework 페르소나 설정

○○사업 타깃 고객(페르소나) 프로파일

성명		
나이		
성별		
거주지		
직업		소득 수준
특이사항		
주요 관심사		
성향 및 특징		

페르소나가 겪고 있는 문제(고통)

페르소나가 대안 선택에서 추구하는 가치(기능, 기대)

페르소나가 문제 해결(욕구 충족)을 위해 이용하는 제품 또는 서비스

기존 대안의 만족/불만족 여부 및 이유

3.

사업 아이템은
체계성과 논리가 필요하다

창업 주제와 근본적인 문제 인식이 진전되었다. 겉으로 보이는 문제에서 그치지 않고 서로 연관된 문제를 찾으며 근원적인 문제를 파고들었다. 페르소나 분석에서 이용자와 고객을 나누어 분석하니 새로운 문제와 사용자의 페인 포인트를 찾아낼 수 있었다. 나름대로 정확한 근거를 확보하기 위하여 신문 기사, 커뮤니티, 유튜브 등에서 시장 수요를 파악했다. 또한 자신이 직접 페르소나에 빙의한 것처럼 고객이 무엇이 불편하고, 무엇을 원하고 있는지 욕구에 대해 고민하는 시간을 가지기도 했다.

나도한이 제대호에게 페르소나 프로파일을 보여 주며 말했다.

"선배님이 알려 주신 페르소나 분석과 문제의 본질을 다시 고민해 보니 어떤 서비스가 필요한지 윤곽이 나타나고 있는 듯합니다. 그전에는 무작정 사업 아이템과 제공해야 할 가치가 무엇이 되어야 하는

지 막막했는데, 이제 하나둘 고민이 해결되고 있네요."

자료를 살펴본 제대호는 흐뭇한 표정으로 대답했다.

"좋아, 이제 나도 나 대표의 사업 아이템이 조금씩 그려지기 시작해. 다행히 순조롭게 흘러가고 있으나, 앞으로 가야 할 멀고 험한 여정이 남아 있어. 그래도 이렇게 한 걸음 한 걸음 내딛는 거야. 만약 우리가 AI라면 무수히 많은 경우의 수를 대입한 캐릭터의 조합으로 고객 문제, 페르소나, 기존 경쟁사 비교, 제공할 수 있는 가치와 핵심 기능을 도출할 수 있겠지. 하지만 평범한 우리에겐 쉽지 않은 일이야. 그동안 분석하고 정리한 내용을 반복하여 수정하고 보완하기도 해."

"그동안 고민한 내용을 노트에 기록하고 있으나, 자료의 연관성이 흩어지고 파편화되어 있네요. 기회가 되면 전체적으로 연계되는 과정이 필요할 것 같아요. 한번 흐름을 맞춰서 체계적인 정리를 해 봐야 할 것 같습니다."

그의 창업 노트를 힐끗 쳐다본 제대호는 새로운 양식을 보여 주며 말을 이어 갔다.

"그래, 하나둘 모인 자료가 축적되면 나중에 멋진 사업계획서가 만들어질 거야. 오늘 숙제로 내어줄 프레임워크야. 한칸 한칸 채워 가다 보면 고객의 문제가 더욱 명확하게 정의되고 자연스럽게 페르소나가 불편하고 바라는 내용이 무엇인지 선명해져. 그런 다음 페르소나가 그 문제를 해결하기 위해 이용하고 있는 경쟁 제품이나 서비스로 볼 수 있는 기존 대안을 차례대로 정리해 보는 거야. 이제 페르소나가 이용하고 있는 경쟁 서비스나 제품을 들여다볼 차례가 왔어."

"페르소나 분석을 하면서 페르소나가 이용할 것으로 예상되는 기존 대안을 미리 조사해 봤는데, 그 시간이 헛되지 않네요."

"단편적으로 기존 대안을 살펴보는 것은 의미가 없어. 사업 아이템을 깊숙이 뜯어보려면 거기서 한 번 더 깊게 들어가야 해. 지피지기 백전불태라고 하잖아? 상대를 알고 나를 알면 전쟁에서 위태롭지 않아. 또 천릿길도 한 걸음부터라는 말이 있듯이 그동안 그래 왔던 것처럼 차근차근 살펴보는 시간이야."

"이번 기회에 제 사업 아이템뿐만 아니라 관련 시장 참여자들의 다양한 대안을 살펴보면서 제 서비스의 차별성을 더욱 보완할 필요가 있다고 생각했습니다."

"그동안 고객의 문제를 깊이 있게 고민했고 페르소나 분석으로 고객의 수요를 구체적으로 살펴봤잖아. 지피지기 백전불태의 관점에서 기존 대안인 경쟁 프로덕트에 대해서 세부적으로 조사하고 분석해야 하는 필요성에 공감할 거야. 경쟁사의 차량을 분해하고 분석해서 신 제품에 반영하는 설계 기법을 티어 다운(Tear down)이라고 하지. 또한, 해외 경쟁 제품을 확보하면 공장으로 가져가 분해하여 설계와 작동 방식을 분석하는 리버스 엔지니어링(Reverse engineering)도 같은 맥락으로 볼 수 있지. 나도 전략기획보고서를 작성할 때면 유명한 컨설팅 회사가 작성한 보고서를 처음부터 끝까지 살펴보고 흐름을 파악했어. 여러 번 읽다 보면 대략 어떻게 구성하고 어떤 내용으로 작성이 필요한지, 분석의 깊이는 어느 정도 수준에 이르러야 하는지 감이 잡히기도 했지. 이제 나 대표가 무엇을 해야 하는지 감이 잡히지? 페르소나가 그동안 겪었던 불편을 해소하기 위하여, 페르소나가 이용하고 있는 기존의 대안을 모두 찾아보고 대안별로 성능(또는 효능)과 핵심 기능을 분해하듯 뜯어보고 나열해 보는 거야. 경쟁사가 고객에게 제공하려는 가치를 이해하기 위해 기존 솔루션을 체계적으로 분석하는 과정이지."

Framework 기존 대안 분석을 통한 사업 아이템 기획 및 차별화

구분	기존 대안 A	기존 대안 B	기존대안 C	페르소나가 필요한 서비스
내용				
특징				
장점				
단점(한계)				
가격				
비고				

제대호가 보여 준 사례를 보며 나도한이 씁쓸한 웃음을 지으며 말했다.

"이런 양식은 사업계획서를 쓸 때, 경쟁사 분석을 할 때 자주 활용하여 익숙한 것 같네요."

"맞아, 나도 사업계획서나 IR 자료를 작성할 때 많이 이용했지. 주로 자사 제품이나 서비스의 우위성을 보여 줄 때 자주 활용했어. 하지

만 요즘 다른 회사의 IR 자료를 보면 비교 기준과 평가 방법이 객관적이지 않다고 느껴질 때가 있어. 아무래도 회사가 보유한 기술과 강점을 투자자에게 유리한 측면으로 보여 주고 설득해야 하니 그럴 수도 있겠지. 하지만 사업을 하려는 창업가는 솔직해야 해. 자신의 제품과 서비스가 무조건 우월하다는 데이터가 중요한 것이 아니라 고객의 페인 포인트와 수요에 적절하게 대응하고 해결책을 제시하고 있는가에 관심을 가져야 해."

"네, 페르소나가 해결하고 싶은 문제와 기존 대안을 심도 있게 비교하면서 제가 제시해야 할 가치와 방향을 찾아보면 되겠네요?"

"그렇지. 어떻게 이 시장에서 차별적인 요소를 가져가서 고객에게 제안할 수 있을지 확인할 수 있어. 물론 현실성과 타당성이 있어야 하겠지. 또한 부족한 부분을 인식하는 중요한 기회가 될 수 있어. 만약 당장 이루지 못하더라도 실현할 수 있고 해결할 방법을 알고 있으면 충분해. 부족하거나 앞으로 해결해야 할 도전적인 과업은 핵심 지표 또는 목표로 설정하여 추후 투자나 지원 사업에서 필요성의 논리로 활용할 수 있어. 기존 솔루션의 분석이 끝난 후 주요 쟁점 2가지를 뽑아내면 사분면으로 경쟁사 현황을 시각적으로 표현할 수 있어. 특히 IR 자료에 활용하면 평가위원이나 투자자의 설득력을 높일 수 있기도 해."

03. 나도한의 창업 노트: 기존 대안 분석을 통한 사업 아이템 도출

구분	기존 대안 A	기존 대안 B	기존 대안 C	기존 대안 D	페르소나가 필요한 서비스
내용	취미, 예술, 크리에이티브, 직무 등 강의 제공. 창의적 활동과 관련된 다양한 콘텐츠를 다룸	IT, 마케팅, 디자인 등 직무와 실무 중심의 강의 제공. 전문적인 직무역량 강화에 중점	프로그래밍, 마케팅 등 다양한 주제의 글로벌 교육 플랫폼. 저렴한 강의와 스펙트럼이 넓음	프리랜서 마켓을 기반으로 한 다양한 분야의 강의 및 서비스 제공. 주로 전문가들이 다양한 전문 서비스 판매	OA, IT, 디자인, 마케팅, 기획 등 2030 직장인 직무 중심의 콘텐츠 제공
특징	보유 기술과 지식을 기반으로 강사로 등록할 수 있고 콘텐츠를 제작하여 판매가 이루어짐. 주로 취미와 창작 관련 접근성 높음	실무 중심의 교육에 초점을 맞추며, 온라인과 오프라인 교육을 병행하여 제공 가능	전 세계 강사들이 강의를 개설할 수 있으며, 쉽고 편하게 강의를 제공할 수 있음	프리랜서와 전문가가 직접 서비스를 제공하며, 강의, 전자책뿐만 아니라 디자인, IT 서비스 등 다양한 분야의 서비스 제공	• 강의 형식이 아닌 테마별, 주제별 노하우 및 지식 콘텐츠 생산 – 홍보 – 거래 • 이용자의 평가(Rating)에 따라 콘텐츠 홍보, 제작 지원
장점	유명인이나 전문가 강의가 많으며, 트렌드와 창의적인 콘텐츠 제작과 유통이 용이함. 커뮤니티를 통해 수강생과의 소통이 활발함	실무에 바로 적용할 수 있는 강의로 현업에서 활용도가 높고, 다양한 직무 관련 강의 제공	강의 가격이 저렴하고 주제 범위가 넓어 접근성이 좋음 (20만 개 이상의 강의)	맞춤형 서비스 제공으로 원하는 특정 분야에 대한 맞춤형 콘텐츠 거래 발생	쉽고 편하게 지식 콘텐츠를 제작하여 확산할 수 있으며, 개인 브랜드 구축 가능
단점 (한계)	강의 퀄리티가 일정하지 않으며, 강사에 따라 소통 어려움. 강의 수준의 편차가 높음	교육 과정의 가격이 상대적으로 높으며, 강의 수준의 편차가 존재	상대적으로 쉽게 강사와 강의 등록이 가능하므로 강사의 실력에 따라서 강의 품질의 일관성 저해	프리랜서 중심으로 서비스의 품질이 균일하지 않을 수 있으며 전문가의 검증의 한계	콘텐츠 이용자 확보 및 재능마켓 활성화 미흡
가격	수강료는 강의당 설정되어 있으며, 월 구독료로 강의를 자유롭게 시청할 수 있음	빈번한 할인 프로모션이 있으나 고급 실무 강좌의 경우 가격이 매우 높음 (평균 20만 원 대)	강의당 가격이 낮으며, 프로모션 시 저렴하게 구매 가능 (2만 원 내외)	서비스에 따라 가격의 편차가 매우 큼 (만 원 이내~몇 백만 원)	사용자 평가 전에는 콘텐츠가 무료로 제공되나 사용자 평가 결과에 따라 유료화 (강의 대비 저렴)
비고	취미나 창의적 활동에 강점을 두지만, 비즈니스 전문성 강화에는 한계가 있을 수 있음	직무 관련 실무 교육에는 강점을 두고 기업교육에도 진출	글로벌 플랫폼으로 해외로 확장할 수 있음	높은 중개 수수료로 전문가의 수익 감소	사용자와 콘텐츠 생산자의 상생을 위한 플랫폼 제공

4.

문제와 대안 속에
사업 아이템이 있다

조금씩 사업 아이템이 선명해지니 나도한의 근심과 불안도 조금씩 사그라들었다. '시간이 해결해 주고 있어. 그렇다고 마냥 기다릴 수는 없는 것. 이 불안을 완전히 잠식하기 위하여 멈추지 않고 계속 한 걸음씩 나아가야지!'

여전히 창업으로 이르는 길이 멀고 희미하지만, 제대호를 만나 길라잡이가 있다는 안도감이 들었다. 나도한의 대학원 시절, 논문 작성을 위한 연구 주제를 설정하지 못해서 막막했다. 그때 선배들은 연구 주제만 확정하여도 논문의 절반은 끝난 것이라고 말하기도 했다, 주제를 잡는 게 정말 쉽지 않았다. 대학원 동기 가운데 주제를 못 잡아 여전히 졸업하지 못한 이들도 있다. 이렇듯 사업도 주제가 중요한가 보다.

그동안 그가 생각했던 고민과 아이디어를 제대호가 제시한 방법론에 따라서 절차대로 정리하니 두루뭉술했던 계획이 점차 명확해졌다. 예전에는 자료를 찾으며 정리하면 자연스럽게 모든 고민이 해결될 줄 알았다. 요행을 바라면 안 되지만 방법과 요령이 필요했던 것이다. 오래전 카페 또는 스터디카페에서 몇 시간씩 보내고 고민해도 남는 건 없었다. 하루 종일 자료를 찾고 고민했으나, 집으로 돌아가는 시간이 허무했던 지난날이 생각났다.

제대호가 알려 주는 사업의 핵심은 그리 복잡하거나 어렵지 않았다. 자신의 사업 주제와 관련된 문제를 명확하게 정의하는 과정이 시작이었다. 그동안 나도한은 창업이 아니더라도 이미 다양한 사업을 영위하고 있는 기존 기업에서 추진한 신사업이 어이없이 실패한 사례를 많이 보았다. 고객 또는 시장이 안고 있는 문제의 인식 없이 대표 또는 2세 경영자가 관심이 있어 추진하거나 트렌드에 편승하여 시작된 사업이 허무하게 무너지는 모습을 많이 보았다. 그도 그러한 사례를 반면교사로 삼기로 하였다. 이번 기회에 고객의 문제를 명확하게 인식하고 문제의 본질까지 파고드는 고민이 가장 중요하다는 점을 절실히 깨닫게 되었다.

제대호의 출장이 길어져 독서 모임에 참석하지 못한다는 연락을 받았다. 창업에 관한 이야기를 들을 수 없어 아쉬웠다. 하지만 그에게서 연락이 왔다. 나도한이 정리한 자료를 토대로 일목요연하게 표현할 수 있는 프레임워크와 과제를 메일로 보내온 것이다.

> "나 대표, 이번 주에는 별도의 미팅을 할 수 없지만, 한 달 동안 고생하며 작
> 성한 데이터가 있으니 쉽게 정리할 수 있을 거야. 매번 그러하겠지만 이 프
> 레임워크를 정리하면서 문제 정의와 대안을 더욱 명확하게 고찰하고 보완할
> 수 있을 거야. 혼자 작성하면서 궁금한 내용이 있으면 언제든지 연락해."

제대호가 내 준 숙제를 풀기 위해 그간의 결과물을 펼쳐 보았다. 문
제의 뿌리를 파악하고 문제를 감싸고 있던 껍질을 제거하면서 문제의
인과관계를 찾았고 어느 순간 문제의 본질이 눈에 띄었다. 이제야 근
원적인 문제를 보게 되는 순간이 온 것이다. 대략 4주간의 고민 끝에
최종 사업 아이템을 선정했다. 사업 아이템은 '지식 공유 커뮤니티 플
랫폼'으로, 직장인 대상으로 직무 노하우나 지식을 콘텐츠화하여 공유
하고 거래하는 소통의 장을 만들 것이다. 나도한은 자기계발에 관심
이 많았고 스스로가 필요성을 느낀 탓에 쉽게 정리할 수 있었다. 물론
시장이나 구현 가능성, 수익화 모델은 자신이 없었으나 그의 사업 주
제가 확정된 것에 만족하였다.

조금의 여유가 생긴 만큼 창업 노트에 기록한 내용을 다시 한번 깔
끔하게 정리하기로 했다. 그 노트를 바탕으로 제대호가 새로 보내 준
프레임워크에 차례대로 채워 보았다. 머릿속에서 고민했던 내용을 두

서없이 노트에 기록하다 보니 갈피를 잡지 못했는데, 틀에 맞추어 문제와 대안을 구조화하니 선명해진 사업 아이템이 보였다. 겉으로 드러난 고객의 문제, 근원적인 문제, 기존 대안, 고객의 페인 포인트 해결 과정이 매우 자연스럽게 흘러가 결국 적절한 해결 방안을 제시할 수 있었다.

04. 나도한의 창업 노트: 최종 사업 아이템 도출

	종류 및 특징	단점 및 한계
경쟁자 (기존 대안)	온라인 강의 플랫폼	• 최신 기술, 노하우, 실무 활용 팁을 배우고 싶으나 강의 전체를 결제하거나 구독 필요 (고가의 강의비) • 결제 후 환불 절차가 까다롭고, 강사 및 강의의 질이 낮은 경우가 많음. 시간과 비용 낭비
	재능마켓 플랫폼	• 상세 페이지, 구매평 등으로 정보 제공자의 검증이 어렵고, 역량의 편차 심화

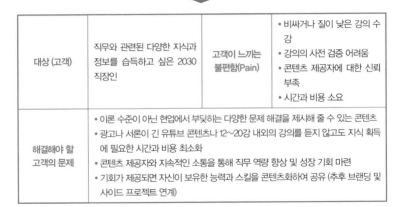

대상 (고객)	직무와 관련된 다양한 지식과 정보를 습득하고 싶은 2030 직장인	고객이 느끼는 불편함(Pain)	• 비싸거나 질이 낮은 강의 수강 • 강의의 사전 검증 어려움 • 콘텐츠 제공자에 대한 신뢰 부족 • 시간과 비용 소요
해결해야 할 고객의 문제	• 이론 수준이 아닌 현업에서 부딪히는 다양한 문제 해결을 제시해 줄 수 있는 콘텐츠 • 광고나 서론이 긴 유튜브 콘텐츠나 12~20강 내외의 강의를 듣지 않고도 지식 획득에 필요한 시간과 비용 최소화 • 콘텐츠 제공자와 지속적인 소통을 통해 직무 역량 향상 및 성장 기회 마련 • 기회가 제공되면 자신이 보유한 능력과 스킬을 콘텐츠화하여 공유 (추후 브랜딩 및 사이드 프로젝트 연계)		

	개요	주요 기능
최종 솔루션	2030 직장인 지식 공유 커뮤니티 플랫폼	• 실무 케이스 중심의 문제 해결 및 지식, 노하우 콘텐츠 • 정보 제공자와 활용자의 의사소통 기능 • 사용자 평가에 따라 선정된 우수 콘텐츠 제작 및 유료화 지원

경쟁자 (기존 대안)	종류 및 특징	단점 및 한계

대상 (고객)		고객이 느끼는 불편함(Pain)	
해결해야 할 고객의 문제			

최종 솔루션	개요	주요 기능

Step 4 ——— 분석

시장과 고객을
꿰뚫어 보다

두루뭉술한 시장과 고객을 명확하게 보려면 세분화해야 한다. 시장과 고객을 쪼개어 살펴보면 전략과 방향이 선명해진다.

1.

뜻밖의 장소에서
시장을 배우다

월말이 되면 나도한은 다음 달의 예정된 일정을 살펴보고 주요 스케줄을 체크한다. 구글 캘린더를 보던 중 아주 비싸기로 유명한 'ㅇㅇㅇㅇㅇㅇ호텔 뷔페 식사권 마감일'이라는 일정이 보였다. 3년 전, '올해의 우수 직원'으로 선발되어 총 40만 원 상당의 식사권 2장을 상품으로 받는데 이제야 그 순간이 기억났다. 설레는 마음에 야무지게 기록하지 않았다면 식사권이 휴지 조각이 되어 버렸을 것이다. 경품 식사권이 2장이라 훗날 여자친구가 생기면 가려고 잘 챙겨 두었는데, 결혼은커녕 여자친구도 없이 그냥 일벌레로 살다 보니 까마득하게 잊고 있었다. 중고마켓 앱에서 팔아 볼까 생각도 했지만, 유효 기한이 얼마 남지 않아 헐값에 팔 수 있을 것만 같았다. 그러던 중 그동안 고마웠던 제대호에게 보답할 수 있다고 생각하여 그에게 전화를 걸었다.

"선배님, 안녕하세요? 출장은 잘 다녀오셨나요?"

"응. 덕분에 잘 마치고 돌아왔어. 마침 이번 주는 독서 모임이 없는데, 내가 내 준 숙제가 어려워 주말에 보자는 거 아니겠지?"

"보내 주신 프레임워크는 모두 작성하였습니다. 당장이라도 보여드릴 수 있는데 뵐 때 이야기해 드릴게요. 다름이 아니라 회사에서 상품으로 받은 ○○○○○○호텔 식사권 2장이 있거든요. 형수님과 가시는 게 좋을 것 같아서 드리고 싶습니다. 대신 유효 기한이 2~3주 정도밖에 남지 않아서 빨리 가셔야 합니다."

"고마워. 아직 사업 시작도 안 했는데 벌써 나 대표에게 비싼 밥 얻어먹겠네. 그런데 시험공부에 시달리는 아이들을 두고 우리 부부만 어떻게 갈 수 있겠니? 나 대표의 고마운 마음만 받은 것으로 할게."

나도한은 일정을 확인하면서도 정작 이번 주에 독서 모임이 없다는 사실을 깜빡 잊고 있었다. 어찌 되었든 그를 만나야 조금이라도 사업 계획이 진전될 수 있었다. 마음이 급한 나머지 그에게 저녁 식사를 제안했다.

"안 그래도 이번 주는 독서 모임이 없으니 그 시간에 제가 멋진 저녁을 대접하는 건 어떨까요? 혹시 약속이 있으신가요? 사실 저도 ○○○○○○호텔 뷔페를 한 번도 안 가 봐서 궁금하기도 합니다. 일정 없으시면 저와 함께 가시죠?"

"그래, 선약이 있어도 그 호텔 뷔페라면 있던 약속도 변경해야지. 독서 모임으로 주말 오후는 항상 비워 두는데, 그날은 따로 일정은 없어서 괜찮겠네. 이번에 타깃시장에 관한 이야기를 해야 했는데 계속 밀릴 수 없으니 가능하면 저녁을 먹으면서 창업 이야기를 나눌까?"

"네, 다행이네요. 좋습니다. 그럼, 이번 주말은 오후 5시에 ○○○○ ○○호텔 로비에서 뵙겠습니다!"

"고마워! 그때 보자고."

그의 반응도 좋은 듯하여 내심 나도한은 흐뭇했다. 그동안 조금 친해졌긴 했으나 그와 같이 밥 먹는 것이 어색할 것 같았다. 하지만 그와 창업 이야기도 나누고 그동안 고마움을 보답할 수 있기에 나도한은 좋았다.

'뷔페 음식점에서 창업과 시장을 이야기하다니? 선배님의 열정도 대단하고 나도 그런 분을 만나 복을 받은 듯해. 그런데 밥을 먹으면서 타깃이니 시장 이야기를 하면 체하지 않을까?'

내심 걱정하면서도 저녁 식사를 기대했다.

2.
뷔페 음식으로
시장세분화를 이해하다

나도한은 많은 뷔페와 식당을 가 보았지만, 그곳은 정말 크고 화려했다. 무엇보다 제공하는 요리도 다양했다. 어떤 요리를 먼저 접시에 담아야 할지 고민이 되었다. 점심을 대충 먹기도 했고 너무 배가 고파 밥과 고기 종류의 요리를 듬뿍 담았다. 제대호는 생선회와 해산물 위주의 요리를 접시에 담고 죽 한 그릇을 들고 와 자리에 앉았다.

"나 대표가 성공하면 한턱 크게 내라고 하려 했는데, 창업 전에 이렇게 비싼 저녁을 대접받네. 열심히 일한 나 대표의 보상인데 덕분에 맛있게 잘 먹을게. 고생해서 받은 선물이니 천천히 많이 먹어."

그의 즐거운 표정을 보니 나도한도 어깨를 으쓱하며 대답했다.
"그동안 꼭 한번 대접하고 싶었습니다. 맛있게 많이 드세요."

"오늘은 저녁을 먹으면서 시장에 대해서 이야기하기로 했잖아. 전에 신규사업팀 경험을 말하면서 구체적인 사업 아이템 설정보다 시장을 먼저 분석한다고 말했지? 사실 나 대표가 진입할 시장은 사업 아이템 도출 전에 미리 알아봤어야 했어. 하지만 당시로서는 사업 아이템이 명확하지도 않았고 변경될 수도 있으니, 차후에 이야기하려고 미루어 두었지. 만약 나 대표의 회사에서 신규 사업을 준비한다면 먼저 시장의 규모와 성장세를 조사했을 거야. 하지만 나 대표의 입장에서 시장을 가리거나 고르는 것보다 자신의 사업 아이템을 설정하는 과정이 더 중요하다고 생각했어. 오늘은 모처럼 여유가 있으니 저녁을 먹으며 천천히 이야기할게. 시장이라고 해도 어렵지 않으니 이해하기 쉬울 거야."

"네, 좋습니다."

포크를 들어 갈비를 집으려는 찰나에 제대호의 이야기가 시작됐다.
"참, 여기 있는 음식을 접시에 담다가 생각이 났어. 시장 규모를 뷔페에 비유해서 쉽게 설명할 수 있겠어."

나도한은 갈비 한 조각을 입에 넣으면서 당황한 듯 대답했다.
"네에?"

"일단 이 넓은 뷔페식당을 전체시장으로 봤어. 본격적인 설명에 앞서 먼저 시장 규모와 구분하는 기준에 관해 이야기해야겠네. 신문 기사 등에는 국내외 전체시장 규모를 주로 보여 주는데, 시장조사 보고서나 사업계획서에는 시장 규모를 구분하며 제시하기도 해."

나도한은 고개를 끄덕이며 대답했다.
"저는 주로 업무에 필요한 시장 자료는 그동안 뉴스나 증권사 리포트 데이터의 단편적인 수치로 많이 활용했습니다."

제대호는 음식을 먹을 생각도 없는 듯 계속 설명을 이어 나갔다.
"뉴스나 증권사 리포트를 많이 봤다고 했는데, 그 외에도 알게 모르게 다양한 시장조사를 많이 봤을 거야. 보통 특정 시장을 구분하고 추산하게 되는데, TAM-SAM-SOM[7]으로 나눈 것을 봤거나 시장을 구분해야 한다는 이야기를 들어 봤을 거야. 사업계획서 등에서 전체시장(TAM), 유효시장(SAM), 수익시장(SOM)으로 나누어 제시할 것을 작성 요령에 기재한 경우가 많아. 책이나 인터넷에 많은 정보가 공유되어 있어. 주로 IR 데모데이의 기업 발표에서도 시장 규모를 TAM-SAM-SOM으로 구분하여 설명하기도 해."

"얼마 전에도 TAM-SAM-SOM으로 시장을 추산하는 방법을 알

---

7 전체시장(Total Addressable Market or Total Available Market, TAM), 유효시장(Serviceable Available Market, SAM), 수익시장(Serviceable Obtainable Market, SOM)

려 주는 글을 읽었습니다. 쉽지 않을 분석이라고 생각했는데, 구렁이가 담 넘어가듯 자세한 설명이 부족하더라고요. 기준도 명확하지 않아서 이렇게 시장조사를 하는 게 맞는지 모르겠습니다. 대략적인 시장 규모를 확인하는 용도로 이해하고 있습니다."

"맞아. 시장조사를 해 보면 정확하거나 타당한 근거에 기반하여 시장 분석을 하기에 어려움이 있지. 특히 창업가를 코칭할 때나 평가위원으로 발표 현장에서 보면 뉴스 등에서 찾은 과거 자료를 적당하게 가공하여 제시하더라고. 사실 자신의 사업 아이템에 딱 들어맞는 시장 자료는 존재하지 않는다고 생각하면 편해. 그러면 자기 사업의 시장 규모를 어떻게 알 수 있을까? 정확하게 계산하기는 어렵지만 객관적인 근거 자료와 논리성에 기반하여 추정할 수 있어. 매번 언급하지만, 창업가는 자신의 사업인 만큼 솔직해야 해. 타깃시장의 규모를 타당하게 추정할 수 있어야 적절한 목표와 전략을 수립할 수 있거든. 그 어느 때보다 객관적인 자료 조사와 분석이 요구되는 단계로 볼 수 있어."

"네, 저도 매번 그랬듯이 형식적으로 내용을 채우기 위해 그럴듯한 시장 규모는 쉽게 제시할 수 있겠으나 제 사업의 규모를 추정하려면 관련 근거나 자료가 부족해서 쉽지 않을 것 같네요."

"이제 본격적으로 시장 규모를 이야기하려고 하는데, 조금 전에 예로 든 이 뷔페 사례를 다시 가져와 차근차근 설명해 볼게. TAM은 전체시장인데 이곳 뷔페를 전체시장으로 보고 진열대 위에 모든 음식이 TAM이라고 생각해 봐. 나 대표가 몇 끼의 밥을 굶어 배가 고플지언정 여기에 놓인 모든 음식을 한 번에 먹을 수 없잖아. 아무리 많이 먹을 수 있다고 해도 나 대표가 먹을 수 있는 양은 한계가 있고, 당장 먹을 수 있는 건 나 대표의 접시에 담긴 음식이야. 나 대표가 가져온 음식을 보니 육류를 선호하는구나. 그것이 바로 나 대표 사업의 초기 핵심시장이자 수익시장인 SOM으로 볼 수 있어."

나도한은 대략 제대호가 무엇을 말하려는지 이해했다는 듯이 제대호의 접시를 바라보았다.

"그렇지, 건너편에 있는 나의 접시에는 나 대표와 다른 음식도 있지. 나 대표가 안 가져온 회 종류나 해산물 진열대의 음식은 어떤 시장일까? 나 대표가 추진하는 사업의 시장은 아니지만 언젠가는 가져와서 먹을 수 있는 시장이야. 즉 진입할 수 있을뿐더러 앞으로 진입해야 할 시장이지. 그 음식들은 다음 타깃으로 유효시장인 SAM이라고 하면 이해가 될까?"

설명을 멈추지 않던 제대호는 나도한의 접시에 담긴 튀김을 집어서 입에 넣고 말했다.

"이처럼 다른 사람의 접시에 있는 음식을 먹을 수도 있지. 난 지금

옆 시장인 SAM, 즉 나 대표의 시장까지 진입했어. 식사 예절은 아니 겠지만 테이블 위에 놓여있는 다른 사람 접시의 음식도 먹을 수도 있 어. 먹을 수 있는 음식의 종류뿐만 아니라 양도 늘어나겠지. 먹을 것 이 부족한 나 대표는 이미 먹을 음식을 또 가져올 수 있지만 먹어보지 않은 음식 종류를 가져올 수 있겠지? SOM에서 SAM으로 확장되는 과정이라고 이해가 될까 모르겠네."

그의 설명을 이해한 나도한이 고개를 끄덕거렸다. 제대호가 웃으며 계속 이야기를 이어 갔다.

"정리해 보면 많은 음식이 존재하는 전체시장(TAM)이 있으나 음 식 종류로 구분이 되어 있어. 당장 먹을 순 없지만 나중에 먹을 수 있 는 옆 음식 진열대의 유효시장(SAM)이 있기도 하고. 중요한 것은 당 장 내가 먹을 수 있는 한정된 음식을 담을 수 있는 내 접시가 수익시장 (SOM)이라고 생각하면 돼."

음식도 먹지 않고 열심히 설명하는 제대호의 설명에 나도한도 고개 를 끄덕이며 경청했다.

"나름대로 쉽게 설명하려고 뷔페 이야기를 했는데 잘못하면 헷갈릴 수도 있겠어. 그러니 실제 산업의 이슈를 예로 들어 설명하면 확실히 알게 될 거야. 전에 독서 모임에서 친환경 자동차에 관하여 이야기할 때 나 대표도 이차전지 주식을 매수하고 있다고 했지?"

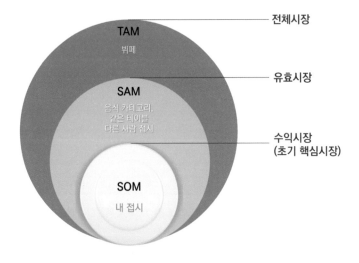

TAM 뷔페 — 전체시장

SAM 음식 카테고리, 같은 테이블 다른 사람 접시 — 유효시장

SOM 내 접시 — 수익시장 (초기 핵심시장)

그림 5 뷔페 음식으로 이해하는 TAM-SAM-SOM

"네, 아직도 보유 중입니다. 전기자동차 캐즘(Chasm) 이슈도 있고, 여러 사고와 국제 정세로 사정이 안 좋네요. 예전에는 수익률이 높았는데 지금은 버티고 있습니다. 그래도 지속적으로 배터리의 수요가 이어질 테니 곧 회복되리라 간절하게 희망하고 있습니다."

나도한의 쓰린 표정을 본 제대호는 멋쩍은 듯 급하게 이야기했다.

"그럼 이왕 이렇게 이야기가 나왔으니 이해하기 쉽도록 이차전지를 예로 들어 볼게. 지금 스마트폰으로 대충 검색하여 이차전지 시장을 알아볼게. 뉴스를 보니 어느 시장조사기관의 결과에 따르면 2023년에 1,173억 달러의 규모의 시장이 2032년에는 2,579억 달러에 달할 것으로 예상하네. 여기에서 전체 시장 규모를 1,173억 달러로 이차전지의 전체시장을 추정한 거야. 보통 이런 자료를 시장 규모 추정(Market Sizing)이라고 하며 이차전지 시장의 전체규모를 의미하는 TAM으로 볼 수 있어. 이렇게 TAM은 전체시장의 크기와 연평균 성장률 추이를 보면서 시장 규모와 성장성을 예측할 수 있겠지."

"전체시장이라 보니 TAM의 시장 규모는 엄청나네요. 투자를 고려할 때 시장 규모와 성장 예측에 혹하면 큰일 나겠네요."

"당연히 TAM의 규모가 크다고 과연 우리 시장도 클 것으로 생각하면 오산이야. 가령 이차전지는 크게 소재, 배터리셀, 공정 장비, 검사 장비, 자동화 장비로 가치 사슬이 이루어져 있는데, 우리는 소재라고 가정해 보자고. 소재 중에 나 대표는 양극재 제품을 판매한다면 타깃시장의 규모는 전체시장보다 확실히 작아지겠지? 그것이 우리의 수익시장인 SOM이 되는 거야. 한편, 우리 타깃시장이 속한 소재는 양극재뿐만 아니라 음극재, 전해질, 분리막, 동박 등으로 이루어졌거든. 실현 가능성은 작겠지만 응용 분야를 확장하여 다른 분야로 진입할 수 있거나 대체할 수 있다고 가정해 보는 거야. 이렇게 진입할 수 있는 세분화한 시장이 SAM이야. 가령 나 대표도 사업을 확장해서 직장인의 범위를 확대하고 교육사업을 출시하여 SAM으로 확장할 수 있다는 점을 생각하면 이해하기 쉬워."

"뷔페식당과 이차전지로 예를 들어 보니 이제 시장 규모가 명확하게 이해가 되었네요. 그러면 TAM 같은 시장 규모는 시장조사나 뉴스 등을 통해 파악할 수 있는데 중요한 건 우리의 수익시장인 SOM을 추정하는 일이겠네요."

"그렇지, 당장 매출을 기대할 수 있는 수익시장에 집중해야 하므로 제대로 SOM을 추정할 필요가 있어. 시장세분화와 관련이 있어서 매우 중요해. 하지만 오늘은 우리가 비싸고 맛있는 식사를 하러 왔으니 좀 즐겨 보자고. 이야기하고 듣는다고 우리 모두 제대로 못 먹었네. 대신 2차로 맥주는 내가 살게. 가볍게 마시면서 시장세분화를 논의해 보자고."

"네, 이제 마음 편하게 맛있게 드시고 다음 자리로 이동하시지요. TAM 전체를 다 먹지는 못하겠지만, 남은 시간 동안 SOM뿐만 아니라 새로운 영역의 SAM에 진출하여 다양한 음식을 제 접시에 담아 보겠습니다!"

3.

시장을 쪼개면
시장 규모가 보인다

맛있는 저녁을 먹고 맥주를 마시며 못다 한 이야기를 하려고 했으나 배가 불렀다. 다음에 나도한의 사업을 본격적으로 시작하면 축하주를 나누기로 하고 소화도 시킬 겸 카페에 들렀다.

제대호는 의자에 몸을 기대며 만족한 듯이 이야기했다.

"오늘 저녁을 제대로 즐기지 못하고 계속 일 이야기만 했네? 그동안 독서 모임에 늦지 않으려 항상 빨리 미팅을 마무리했어. 그렇다 보니 할 말이 많은 시장 이야기를 미뤘는데 이제 나도 마음이 편해졌네."

"저도 그동안 시장 자료를 조사할 때는 단편적인 수치와 성장 추이만 참고했는데, 시장을 바라보는 관점을 바꾸는 기회였네요. 개인적으로 투자를 하기 전에 충분한 검토가 필요했는데 그러지 못한 듯합니다. 중요한 것은 제 사업이므로 시장 규모를 심오하게 추정해 봐야겠네요."

"사업계획서나 초기 기업의 IR 자료에서는 범용적인 시장 자료를 활용하더라도 적어도 자신의 사업과 관련된 시장 규모는 타당하게 파악해야지. 아쉽게도 SOM은 친절하지 않아. 시장 추정이 정확하게 딱 들어맞는 자료가 많이 없어서 창업가가 스스로 계산하고 추정하는 경우가 일반적이야. 독서 모임이나 세미나를 알아보기 위해 가끔 모임 문화 플랫폼에 접속하는데, 세계 굴지의 유명 컨설팅 회사에서 근무한 분들이 시장 규모를 추정하는 방법을 알려 주는 강의가 있어. 주로 페르미 추정(Fermi Estimate)이나 게스티메이션(Guess와 Estimate의 합성어)을 활용해."

"저도 그런 플랫폼에서 시장조사 세미나 소식이 올라오는 것을 봤습니다."

"용어는 어렵지만 페르미 추정이나 게스티메이션은 같은 방식이야. 한마디로 직접 계산해서 시장 규모를 추정해 보는 방법이거든. 추정하는 공식은 간단해. 일단 제품이나 서비스의 판매 수(Quantity 또는 Unit)를 단가(Price)로 곱하면 시장 규모 추산할 수 있어. 기본적인 전제이자 공식이지. 문제는 제품의 단가는 알겠지만, 고객 수는 알 수가 없잖아. 그 누구도 세부적인 구성인자를 알기가 쉽지 않지. 그때 활용하는 방법이 페르미 추정이나 게스티메이션인데 정확한 값을 요구하지 않아서 다행이야. 대신 조사자의 근거와 논리가 매우 중요해.

그렇다 보니 추정의 전제가 되는 데이터에 대한 타당성을 확보해야 해. 직접 발로 뛰어 조사하거나 현황 보고서, 신문이나 통계자료 등에서 객관적인 데이터를 확보하고 적절한 수치를 가져와 가정하는 거야. 창업자가 직접 계산해 보는 시장 규모 추정도 의미가 있어."

나도한은 갑자기 악몽이 떠올랐다. 지금 회사에 입사하기 전에 컨설팅 회사에서 면접을 본 경험이 있다. 그때 면접관이 '서울역 안의 하루 유동 인구가 얼마나 될까요?'라는 질문을 던졌다. 안 그래도 컨설팅 직무가 자신이 없어 주눅이 들었는데, 면접관의 질문에 그 어떤 대답도 하지 못했다. 문제를 풀려는 의지와 의욕도 없이 대답하지 못했으나 면접관은 끝까지 기다리며 그의 답변을 재촉했다. 면접은 대화 없이 침묵으로 흘러갔지만, 면접관은 끈질기고 집요했다. 결국 답변도 못 하고 다른 질문도 소극적으로 대답했다. 그날의 면접 기억은 오랫동안 부끄러운 기억으로 남아 있었다. 당시 면접관은 정확한 값을 듣고 싶었던 것이 아니라 그가 논리를 전개하고 문제를 풀어 나가는 능력이 궁금했을 것이다.

나도한은 안 좋은 기억 탓인지 시큰둥한 표정으로 질문했다.
"정확한 시장 규모 계산이 아닐 텐데 분석 결과가 의미가 있을까요?"

"많은 사람이 그렇게 이야기하지. 오늘만 해도 몇 번이나 반복된 이야기를 하는데, 창업가라면 자신에게 솔직해야 해. 자신의 사업을 냉정하게 바라볼 수 있어야 적절한 전략과 행동을 할 수 있잖아. 시장의 규모를 합리적인 기준과 방법으로 추정해야 사업의 현실을 투영하여 매출과 마케팅 계획을 수립할 수 있어. 결국은 창업가가 본인의 시장을 객관적으로 찾아보고 가정하면서 목표를 인식하는 기회라고 생각해. 자기 시장을 창업자가 추정해야지 누가 알려 줄 수 있겠어? 낙관적인 시장 규모 추정은 창업가에게 전혀 도움이 안 되거든. 한 번에 성공하는 창업은 드문 만큼 시장 규모 추정에 따라 합리적인 사업 계획을 수립해야 할 거야. 시장 규모 추정은 나중에 매출뿐만 아니라 가설 설정과 검증에서도 활용할 수 있으니 매우 중요해. 이를 기반으로 사업을 시작하기 전에 중장기 로드맵을 수립하는데 그때도 다시 활용해야 하니깐 사업 계획 수립에서 필수 과정이야."

"시장 규모 추정은 인터넷이나 신문 기사에 공개된 자료를 활용하면 그렇게 어렵지 않을 텐데 제 사업의 시장에 맞는 적합한 데이터 확보와 추정 논리가 핵심이겠네요."

"맞아, 고가로 판매되는 해외시장 보고서의 가치도 결국은 시장 추정에 활용한 요인에 대한 객관성과 타당성이야. 그러나 우리는 TAM-SAM-SOM으로 구분하는 시장 규모 추정에 그치지 않을 거야. 타깃시장 안에 있는 고객을 세분화하고 고객이 필요한 가치의 크기에 대해서도 고민도 해야 하거든."

"예? 여기서 끝이 아니라고요?"

갑자기 나도한이 머리가 아파져 오기 시작했는데, 갑자기 고객의 가치라고 하니 모호하고 와닿지 않아서 놀랐다. 그런 그를 보며 제대호는 웃으며 말했다.

"놀랄 만도 하지. 오늘은 시장을 쪼개는 연습을 했다면 앞으로 그 시장 안의 구체적인 고객도 구분해서 살펴봐야지. 계속 분석하고 고민하다 보면 아마도 페르소나도 바뀔 수 있겠다. 나 대표도 눈치챘는지 모르겠는데 고객의 문제와 페르소나, 시장, 고객세분화가 모두 유연하게 연결되는 구조와 관계라는 걸 알게 될 거야."

"네, 대략 어떠한 흐름인지 이해가 되는데, 집에서 차분히 그려 보며 정리가 필요한 듯하네요."

"그나저나 오늘은 맛있는 음식을 너무 많이 먹어서 아직도 소화가 안 되었네. 한편으로 창업 공부도 너무 많이 했나 봐. 그래서 머리가 아플 거야. 아쉽긴 하지만 고객세분화는 다음 주에 이야기 나누고, 이번 주는 시장에 대해서 고민하고 마무리하는 게 좋겠네."

"네. 사실 감이 좀 잡히지 않았는데, 한번 해 보면 이해할 것 같네요. 그래도 제가 하루하루 성장하고 배우고 있다고 실감합니다. 선배님, 정말 고맙습니다."

나도한은 지하철 안에서 골똘히 생각했다. 시장 규모에 대해서 고민하다 문득 제대호를 떠올렸다. 그 어떤 대가를 바라지도 않고 도와주는 그의 마음이 궁금했다. 그래도 이번 기회에 그에게 감사를 표현할 기회가 있어서 좋았다. 이런저런 생각에 집으로 향하는 그의 머릿속이 복잡해졌다. 정말 창업의 길은 멀고도 알 수 없는 여정임을 실감한다.

05. 나도한의 창업 노트: TAM-SAM-SOM 시장 분석

구분	시장 규모	추정 근거
TAM	• 국내 이러닝 산업의 총매출액은 5조 5,946억 원 규모 (2023년 기준, 전년 대비 4.6% ↑) • 이러닝 이용자 총지출액 2조 9,717억 원 추정 (전년 대비 7.3% ↑)	• 2023년 이러닝산업 실태조사, 산업통상자원부 (정보통신산업진흥원, 소프트웨어정책연구소, 2024) • 문화체육관광부, 2022 여가백서 (2021년 국가평생교육통계조사 결과, 교육부, 2022)
SAM	• 2030 세대의 이러닝 이용자 지출액 페르미 추정 결과, 약 2조 800억 원으로 추정 • 이러닝 이용자 지출액 2조 9,717억 원 중 20대(34%), 30대(36%)로 70% 비중 차지	• 직무 관련 성인 원격 교육 플랫폼인 ○○의 이용자 연령 비중은 △10대 1% △20대 34% △30대 36% △40대 19% △50대 8% △60대 2%로 나타남 (2022)
SOM	• 예상 시장 규모: 200억 원 추정 및 목표 • 콘텐츠 중심의 지식 공유 커뮤니티 플랫폼 시장은 현재 미형성	• 기존 솔루션인 직무 관련 온라인 강의 플랫폼 연간 결제액이 1,000억 원 초과 (2021년 기준) • 타 플랫폼은 누적 정산액이 630억 원 초과 (2021년 기준)

TAM-SAM-SOM 시장 분석

구분	시장 규모	추정 근거
TAM		
SAM		
SOM		

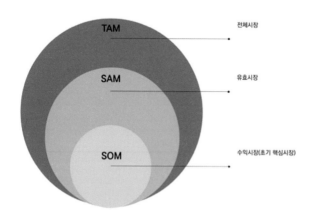

TAM — 전체시장

SAM — 유효시장

SOM — 수익시장(초기 핵심시장)

4.

진짜 고객을 찾아라

오늘 제대호의 미팅에선 지난주에 이어 논의할 이야기가 많아서 평소보다 빨리 카페에서 만나기로 했다. 나도한은 약속 시간보다 더 일찍 도착하여 시장세분화에 활용한 데이터를 확인했다. 시장 규모 추정과 분석은 반드시 극복하고 싶었기 때문이다. 오래전 면접에서는 자신이 없었으나 이제는 틀리더라도 과감하게 구성 요소와 근거를 찾아보고 그의 논리를 더해 시장 규모를 추정했다. 직접 부딪치고 풀어봐야 이해도 되고 문제 해결 능력이 향상된다는 것이 그의 신념이기도 했다. 창업하지 않더라도 진작 알았다면 회사 사업계획서에 활용할 수 있는 유용한 배움이었다. 그가 꿈꾸는 '지식 공유 커뮤니티 플랫폼'도 이런 역할을 했으면 좋겠다는 생각이 들었다.

무언가에 집중한 듯 뚫어져라 노트북 화면을 보고 있는 나도한에게 제대호가 인사를 건넸다.

"나도 일 좀 보려고 일찍 왔는데, 나 대표가 더 빨리 왔네. 창밖에서 보니 엄청나게 집중하고 있더라니."

"네, 지난번에 알려 주신 시장 규모를 조사하고 찾았습니다. 제가 참고할 만한 마음에 드는 시장 자료는 잘 나오지는 않았지만, 여러 자료를 보며 삽질하고 부딪쳐 보니 이제 좀 감이 잡힌 듯합니다."

"그런데 아직 SOM까지 세부적인 추정을 안 해 봤구나. 하지만 너무 기죽지는 마. 앞으로 시행착오를 겪으며 배우는 거야. 막상 해 보면 원하는 기본 데이터가 딱하고 떨어지지 않아. 쉽게 나오지 않지. 통계자료, 기술 시장 동향 보고서, 증권사 분석 등 참고 자료에서 원하는 수치가 나오는 경우가 희박해. 하지만 운이 좋게도 딱 들어맞는 때도 있어. 물론 사용자 기반의 AI 검색 플랫폼이 날로 좋아져서 오늘의 고생이 줄어들지도 몰라. 하지만 창업가가 직접 찾고 고민하는 동안 나의 사업에 대한 이해도 높아지고 확신도 생기니 찾아보는 거지."

"정말 그렇네요. 아직도 확신이 없어서 백데이터만 잔뜩 모아 두고 제대로 추정 못 했네요."

"지난주는 시장 규모에 관해서 이야기 나누고 시장을 세분화했잖아. 오늘은 한번 우리 고객을 나누어 보려고 해. 내가 이야기했었나?

고객 가치의 크기를 추정할 때가 왔어."

"이제는 고객 가치의 크기까지 추정해야 하나요? 저도 나름대로 선행학습을 했지만, 고객 가치는 처음 들어 봤습니다."

나도한의 깜짝 놀란 얼굴을 보며 제대호가 달래듯 설명하였다.

"시장 규모 추정도 부족하여 이제는 고객의 가치라니, 정말 쉽지 않지? 미국의 정보 콘텐츠 플랫폼인 'Medium'에서 제공한 아티클[8]을 봤는데, 스타트업과 같은 초기 기업은 시장 규모의 추정이 아니라 가치의 크기가 중요하다고 강조하고 있어. 지난번 뷔페에서 시장 규모를 구분하고 추정하는 이야기를 했듯이 TAM과 SAM의 시장이 크다고 해서 나 대표 사업의 시장 규모가 크다고 할 수 없잖아. 그래서 시장을 세분화하여 SOM을 추정해 보기도 했지. 그렇다고 해도 나 대표에게 과연 시장은 우호적일까? 그리고 추정한 예측이 타당한지 고민을 안 할 수가 없어. 그렇게 수익이 발생할 영역의 탐구가 필요해. 이에 고객 가치 크기, 고객 가치 측정(Value Pool Sizing)을 활용할 수 있어. 간단히 설명하면 나 대표가 해결하고자 하는 문제, 즉 고객이 겪는 고통의 총량을 추정하는 것에서부터 시작해야 해. 이후 나 대표의 제품이나 서비스가 이 문제를 얼마나 해결할 수 있는지, 즉 고객의

8   Tim Darling(2019), Startups Should Do "Value Pool Sizing", Not "Market Sizing"(https://medium. com/swlh/startups-should-do-value-pool-sizing-not-market-sizing-90afdb4b78b1)

비용을 얼마나 줄일 수 있는지를 계산해 보는 거야. 마지막으로 추가로 소요될 것으로 예상되는 비용을 제외하면, 우리가 공략할 수 있는 고객 가치(Value Pool)를 도출할 수 있을 거야. ”

"지난번처럼 예시를 알려 주신다면 이해가 잘될 것 같습니다."

"나 대표가 원하는 대로 사례를 들어 볼게. 가끔 강의에서 이 예시를 이야기하면 탈모가 있으신 분이 항의하긴 하는데, 찾은 자료가 있어서 계속 활용하게 되네. 편의상 탈모치료제를 사례로 들어 볼게. 국내 탈모 인구는 약 1,000만 명으로 탈모치료제 시장 규모가 약 1,300억 원으로 추산된다는 자료가 있어. 세부적으로 살펴보면 탈모 인구의 1,000만 명 중 성별, 나이, 증상 정도가 다를 거야. 또한 탈모 치료를 위해 탈모약, 탈모 방지용 샴푸 등 다양한 대안이 있겠지. 그러니 고객 및 시장세분화가 중요해. 보통 탈모를 겪기 시작하는 분들이 40대 남성분이 많으니 40대 남성을 타깃 고객으로 설정해 보자고. 명확한 타깃이 설정되었다면 인구통계학적으로 해당 인구를 찾아봐야 해. 40대 탈모 인구가 약 24.8만 명, 그중 남성이 55.4%를 차지하여 대략 13.74만 명으로 추산할 수 있어. 그들은 페인 포인트를 해결하기 위해 한 달에 약 7만 원을 지출한다고 가정해 볼까? 그러면 40대 탈모 남성의 고객 가치 크기를 알기 위해 13.74만 명을 7만 원으로 곱하면 약 96억 원이 나올 거야. 그럼 1년간 시장의 가치 크기는 약 1,153억 원

이상이 되겠지. 그중 타깃 고객의 비중을 추산하며 고객의 가치 크기를 추정할 수 있어."

"그러면 처음 말씀 주셨던 TAM인 시장 규모 1,300억 원이랑 고객 가치 크기로 알려 준 1,153억 원은 아이러니하게도 큰 차이가 없네요. 40대 남성으로 구분되었으니 고객 가치 크기가 이보다 훨씬 더 작게 되는 게 아닐까요?"

나도한의 질문에 제대호는 깜짝 놀라며 대답했다.

"좋은 지적이야. TAM은 아무래도 해당 시장의 모든 소비 가능성을 포함하는 개념이고, 고객 가치 크기는 해결할 수 있는 고객 문제의 가치 크기를 추정했어. 실제로 특정 산업의 TAM은 수천억 원으로 추정되는 예도 있으나 고객 가치 크기를 추정해 보면 고객의 고통과 불편 정도가 낮아 규모가 턱없이 낮은 사례도 있어. 이처럼 고객 가치 크기는 TAM보다 작게 나올 경우가 많겠지. 실제 고객이 지급하는 금액과 해결해야 할 페인 포인트의 크기가 제한적일 수도 있어. 이번 예시의 경우, TAM과 고객 가치 크기에 추정된 기준과 근거가 다른 것으로 이해하면 좋겠어. 이렇듯 시장 규모와 고객 가치를 추정하는 과정에서 정답은 없어. 우선 고객 가치 크기는 이러한 추정 방법은 기준과 근거에 따라서 달라지므로 창업가의 객관적인 기준과 근거, 그리고 다양한 변수를 고려하는 것이 중요하지."

"혹시 제가 창업을 못 하더라도 선배님한테 배운 지식으로 컨설팅 회사로 이직이 가능할 수도 있겠네요. 조금 낯설고 어렵긴 하지만 조금씩 이해가 됩니다."

"서비스나 제품을 만들어 시장을 내놓기 전까지 시장의 반응은 누구도 예측할 수 없어. 특히 고객을 잘 안다는 생각은 창업가가 반드시 버려야 할 인식인 거고. 그렇다 보니 우린 시장과 고객을 이해하기 최대한 객관적으로 살펴보는 거야. 지난번에 이야기했나? 중요한 것은 여기서 끝난 것이 아니야."

"네, 고객세분화에 관해서 이야기해 주신다고 하셨지요?"

"그렇지. 나 대표도 페르소나를 정해서 한번 분석해 보았지만, 과연 그 페르소나가 우리의 정확한 고객일까? 고민이 필요해. 탈모치료제 시장에서 성별과 나이를 구분했듯이 나 대표의 사업이 적합한 인물을 선정하고 고객의 가치 크기를 알아내기 위해서는 고객을 촘촘하게 나누어봐야 해. 성인 여성 또는 남성, 30대 남성 등은 너무 추상적이거든. 이를 효과적으로 나누어서 분석할 방법이 코호트 분석이야."

"제가 예전에 이야기해 드렸는지 모르겠는데 코로나19가 확산하는 초기에 감염된 적이 있습니다. 다행히 지금은 완쾌가 되었으나, 당시

음압병실 경험을 했지요. 이후에는 코호트 격리 대상으로 특정 시설에 격리된 적이 있었습니다. 갑자기 씁쓸한 추억이 생각이 나네요."

"나 대표가 겪었던 코호트 격리와 코호트 분석은 다르지만, 어원으로 보면 비슷할 수도 있겠네. 국립국어원에서는 우리말로 '동일집단격리'라고 순화된 말을 권장하기도 하지. 아무튼 스타트업 용어에서 코호트 분석은 병원의 코호트 격리처럼 특정 기간 같은 경험을 공유한 고객을 묶어서 이들을 분석해. 주로 그로스마케팅이나 퍼포먼스 마케팅에서 활용하는데 우리는 현재 마케팅이 주요 관심사가 아니잖아. 물론 마케팅은 나중에 고민해야 할 아주 중요한 문제인 만큼 지금은 고객 분석에 집중하자고. 그러니깐 우리의 대상 고객이 퍼져 있겠지만 특정 기간, 같은 특성을 가진 그룹이 있겠지?"

"네. 아무래도 조금 전에 말씀 주신 내용으로 미루어 지역, 성별, 나이, 직업 등으로 고객을 구분할 수 있을 것 같아요."

"그렇지. 그 기준을 창업가가 설정해서 그들의 문제와 불편함, 그들이 추정하는 가치, 평균 소요되는 고객 가치를 구분하여 탐색해 보는 거야. 그러면 나 대표는 어느 집단에 집중할 수 있을지 가치판단과 의사결정을 할 수 있겠지?"

"정말 창업은 고민과 추정의 연속이네요."

"그래도 큰 시장을 나누고, 세분화된 시장 안에서 또 고객을 구분해 보면 조금씩 핵심 고객에 가까이 가고 있다는 생각이 들 거야. 이런 식으로 고객의 가치 크기가 가장 큰 집단을 찾아야 해. 코호트 분석이 도와줄 수 있는 거지. 기본적으로 나이와 성별 등 인구통계학적 요소는 서비스나 제품에 큰 차이를 보여 줄 거야. 예를 들어 자동차의 경우 30대 초반과 30대 후반이 선호하는 차량의 종류와 가격의 차이가 크게 나타날 거야. 성별로 볼까? 같은 20대 여성이라고 하더라도 21세 여대생이 사용하는 화장품과 28세 직장인 여성이 선호하는 화장품은 종류, 브랜드, 가격 등에서 많은 차이가 있겠지. 프로덕트에 맞는 고객세분화를 하여 고객 특성을 나열해 보고 나 대표 사업과 핏이 맞는 핵심 고객층을 찾아봐. 이제 정말 세분화, 추정, 고민, 분석, 조사가 지겹지?"

"그래도 이제 조금씩 시장 분석의 끝이 보입니다."

"맞아, 이제 코호트 분석까지 하면 목표 고객이 더욱 명확해질 거야. 그때 페르소나를 다시 생각해 보자고. 분석 결과에 따라 크게 달라지지 않을 수도 있어. 코호트 분석은 나 대표가 어려워할 수 있으니 대략 남은 시간 동안 같이 정리해."

"사실 좀 걱정했는데 도와주신다니 한시름 놓았습니다!"

"그런데 나 대표는 아직 본격적인 서비스를 시작하지 않았기 때문에 고객의 세부 정보가 없어. 물론 나 대표의 회사에서는 고객 정보를 기반으로 코호트 분석이 이루어질 거야. 그래서 앞으로 나 대표 사업을 위해서는 또다시 추정해야 하는데 쉽지 않을 거야. 아직 사업은 하지 않으니 대략 고객군을 나누고 고객의 가치 및 시장 규모의 추정을 해 보긴 해야 해. 이를 통해 코호트 분석이 가능하겠지만, 지금 단계에서는 솔직히 어려울 수 있어."

"네, 웬만한 건 이해가 가는데 이번 코호트 분석은 좀 막막했습니다."

여전히 갈피를 못 잡은 듯한 나도한을 보면서 제대호가 말했다.
"처음이라 어려울 수밖에 없어. 코호트 분석은 나중에 나 대표가 사업을 영위하면서 고객 데이터가 축적되면 새로 정리하고 이해하는 것으로 하고 오늘은 개념 이해와 필요성만 인식하면 좋겠어. 그래도 나 대표 사업의 고객 구분이 필요하니, '지식 공유 커뮤니티 플랫폼'의 예상 고객을 기반으로 일정한 기준과 유형에 따라 다시 고객을 세분화하는 연습만 해도 의미 있어."

"네, 정말 쉽지 않은 듯하네요."

지친 나도한을 보며 제대호가 웃으며 말했다.

"코호트 분석까지는 아니더라도 세분화된 고객 유형을 보면서 타깃팅 대상도 설정해 볼 수 있고, 고객인지 이용자인지도 명확하게 구분될 거야. 나 대표 사업 아이템 같은 경우는 이용자도 고객이 될 수 있는 구조이긴 하지만 말이야. 나중에는 분석 현황을 총체적으로 살펴보고 분석하면서 우리 사업의 핵심 고객을 논리적으로 뽑아낼 수 있지. 사업은 감으로 하는 게 아닌 만큼 고객 유형이나 나이, 지향하는 가치와 요구사항 등을 모두 나열해서 한눈에 살펴본다면 방향이 보일 거야. 그리고 각 코호트로 분리된 고객의 규모와 예상 지출 비용까지 추정하여 곱해 보면 예상 시장 규모인 SOM까지도 얻게 되겠지. 그뿐만 아니라 나 대표에게 정말 필요한 고객 가치 크기도 뽑아낼 수 있어. 하지만 오늘은 시간이 턱없이 부족하니 이렇게 대략적인 틀만 고민하고 작성할 수 있는 범위 내에서만 마무리해 보는 거로 해. 나중에 사업 아이템이 확정되고 고객 데이터가 확보되면 꼭 전체를 살펴보면서 고객 가치 크기를 고려하여 타깃 고객을 설정해야 한다는 점을 기억해."

06. 나도한의 창업 노트: 예상 고객세분화 및 특성 이해

No.	구분	세분화 유형	특성	비고
1	고객	A유형	• 자기계발보다는 욜로족으로 경제적 자유, 투자, 부업 등에 관심이 많은 2030 직장인 • 재테크, 온라인 부업 등 관련 책과 강의에 큰 비용과 시간을 투입하였으나 성과가 없어서 회의적임	
2	고객	B유형	• 자기계발 및 성장에 관심이 많음 • 강의 등으로 지식을 습득하기엔 시간과 비용이 아깝고, 유튜브 등 인터넷에 공개된 콘텐츠에 실망 • 현업에서 활용할 수 있는 지식과 정보를 습득하고 싶으며, 자신도 콘텐츠를 생산할 의지가 있음	
3	이용자	콘텐츠 생산자	• 지금은 직장인이지만 사이드 프로젝트 또는 미래를 위한 브랜딩 및 역량 향상 기대 • 새로운 기술과 인사이트의 습득을 즐기며, 강의, 콘텐츠 제작을 통해 실력과 브랜드 구축 • 강의 등 콘텐츠 제작을 위한 시간이 부족하며, 콘텐츠 제작에 필요한 비용이 부담 • 관심사가 비슷한 이와 지속적인 소통과 네트워킹 추구	

Framework 예상 고객 코호트 분석 사례

No.	구분	연령 등 인구통계 정보	고객 문제 (Problem)	추구가치 (Needs)	바라는 거래상황	회피하고 싶은 거래상황	현재 대안 (Product)	지출 비용	고객 가치 크기

출처: 언더독스 허슬 사업개발자 과정 교안(2023) 재가공

고객의 고통과 시장의 크기를
동시에 파악하자

앞서 고객의 고통(Pain Point)을 동그라미로 표현하고, 고통의 강도는 명암(색의 진하기)으로 나타냈다. 고객이 체감하는 문제의 고통은 다를 수밖에 없으며, 이를 시각적으로 표현한 것은 문제의 우선순위를 정리하기 위해서다. 이제 시장 규모를 동그라미의 크기로 표현해 보자. 동그라미의 크기가 클수록 해당 문제를 가진 고객 집단이 많거나 시장 규모가 크다는 뜻이다. 반대로 동그라미가 작다면, 시장 규모가 작거나 문제를 가진 고객의 수가 제한적임을 의미한다. 이를 활용하면 창업자는 고객의 고통 강도가 크면서도 시장 규모가 충분히 큰 문제를 먼저 선택할 수 있다. 예를 들어, 문제 A는 시장 규모는 크지만 고객의 고통 강도가 낮다면 해결 우선순위에서 밀릴 수 있다. 반면, 문제 C는 시장 규모는 작지만 고객의 고통이 심각하다면 이를 해결하는 특화된 전략이 필요할 것이다. 결국, 사업 아이템을 선택할 때는 고통 강도와 시장 크기를 모두 고려하여 고객과 시장에서의 가치 실현 가능성을 판단해야 한다. 창업가는 고객 고통과 시장 규모를 시각적으로 분석하고, 전략을 수립하여 실패 확률을 줄여 나가야 한다. 어떤 문제를 해결할 것인가?

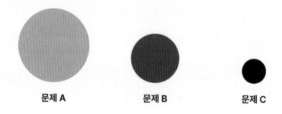

문제 A   문제 B   문제 C

그림 6 시장과 고통의 강도 대비 시장의 크기 파악

Step 5 —— 구체화

단단한 뼈대를
갖춘 성벽을
쌓아라

그럴듯하게 보기 좋고 듣기 좋은 말로 포장한 사업 계획은 허점이 쉽게 드러난다. 좋은 사업 계획은 물 흐르듯 논리적으로 흐름이 명확하고, 일관성이 돋보인다.

1.

사업 아이템을
강력한 무기로 정비하라

나도한은 새벽 시간을 활용하여 시장 및 고객세분화, 비즈니스 모델에 따라 사업 계획을 보완하였다. 그동안 고객의 문제가 과연 시장수요에 부합할지 의문을 가졌으나 시장 분석과 고객세분화를 통해 그가 느낀 아쉬움이 조금이나마 걷어진 느낌이다. 어쩌면 창업을 고민하는 다수의 직장인도 자신처럼 고객의 문제에 대한 확신이 없어 창업을 주저하게 되지 않았나 생각이 들었다. 다양한 생각과 아이디어가 있더라도 쉽게 실행하지 못한다. 그 원인으로 직장, 가정, 자금의 문제가 있으나 무엇보다 사업 아이템에 대한 불확실성이 아닐까?

그동안 그가 노트에 쓰고 그린 자료를 날짜별로 파워포인트를 활용해 정리하였고, 페이지는 50페이지가 넘어갔다. 파워포인트 슬라이드로 된 창업 노트를 훑어본 지켜본 제대호가 말했다.

"다소 개연성이 부족한 부분도 있지만 처음보다 많이 나아지고 갈

수록 논리가 탄탄해졌어. 당장 사업을 시작은 어렵겠지만, 보편적인 사업계획서 양식에 맞추어 작성해도 괜찮겠어."

"모두 선배님의 지식과 경험의 전수 덕분이지요. 지금 수준에서 창업에 뛰어드는 건 무리라고 생각됩니다."

"그래, 이런 노력과 과정도 겪어 보지 않고 바로 창업에 도전한 이들도 많아. 나 대표는 그렇게 섣부른 결정을 내리지 않을 거야. 그런데 요즘 보니 창업이 참 쉬워졌어. AI의 발전으로 일손도 줄일 수 있지. 자동화된 개발 툴과 솔루션이 많아서 웹사이트 구축도 쉽고 빠르게 해낼 수 있겠더라고."

"저도 혹시 몰라서 주말에 틈틈이 '파이썬'과 노코딩 툴을 배웠습니다. 그렇게 배워 놓으면 어디가 쓸지 고민했는데 이제 활용할 수 있겠네요."

"창업에 필요한 여러 가지 스킬을 익혀 두는 것은 좋아. 하지만 창업가가 모든 걸 혼자 다 해낼 수 없는 법. 이 이야기는 다음에 하고 다시 오늘 주제에 관해 이야기할 게 있어. 우리가 처음에 목표로 설정한 내용을 떠올려 봐. 실체가 불명확한 아이디어를 구체화하는 제로 투 원을 하겠다고 했지? 이처럼 '1'을 만드는 것은 조금만 노력하면 누구나 만들 수 있어. 창업 관련 지원사업이 우후죽순으로 늘어나면서 고민 없이 만들어진 사업 계획과 소중한 예산으로 만들어진 시제품이 빛을 보지 못하고 허무하게 버려지는 일이 비일비재해. 사실상 누구나 쉽게 '1'을 만들 수 있어. 하지만 중요한 건 '1'의 가치를 높이는 일이겠지. 회사가 끊임없이 성장할 수 있도록 단단하고 야무진 '1'을 만드는 과정이 창업가에게 가장 필요한 인고의 시간이야."

"네, 남은 시간 동안 시장수요에 대응하고 경쟁에서 버틸 수 있는 강한 사업 아이템을 갈고 다듬어 보도록 하겠습니다!"

"쇠를 달구고 두드려 강철을 단련하듯 사업 아이템도 연마하고 날카롭게 갈아서 실패 확률을 낮춰야 해. 다음 단계는 빈틈없고 뾰족한 사업을 위하여 그동안 나 대표가 고민한 컨셉과 자료를 바탕으로 비즈니스 모델을 수립할 거야. 주말과 새벽 시간에 고생하며 준비를 많이 했으니, 생각보다 쉽고 빠르게 정리될 것 같아. 일단 비즈니스 모델 수립에 앞서 중간 점검이라 생각하고 고객, 문제, 기존 대안의 장점과 한계를 다시 한번 명확하게 정리해 봐. 그 자료는 다음 주 비즈니스 모델 수립할 때 유용하게 활용할 거야."

2.

사업의 구조와
흐름에 집중하라

나도한도 비즈니스 모델을 접한 적이 있다. 오래전, 알렉산더 오스터왈더와 예스 피그누어의 『비즈니스 모델의 탄생』이라는 책을 읽었다. 회사에서 새로운 사업을 기획하거나 제안할 때, 비즈니스 모델 캔버스로 도식화를 해 보기도 했다. 이후 비즈니스 모델을 실습하는 유료 워크숍에도 참가하였는데, 가상의 사업 아이템을 설정하여 4X6 사이즈의 큰 종이에 포스트잇을 붙여 가며 실습과 토론을 하기도 하였다. 과연 이 도표로 사업을 할 수 있겠냐는 의문이 들기도 했으나 비즈니스가 어떻게 동작하고 연결되어 이루어지는 한눈에 파악할 수 있었다. 하지만 여전히 비즈니스 모델을 명확하게 이해하지 못하였고 활용하기도 어려웠다.

과연 제대호는 비즈니스 모델을 어떻게 설명할지 궁금했다. 귀를 기울이며 그의 설명을 들었다.

"나 대표도 비즈니스 모델에 대해서 많이 들어 봤지? 비즈니스 모델은 한마디로 정의하기 어렵지만, 사업의 흐름과 체계적인 구조라고 볼 수 있어. 나 대표의 서비스가 고객의 문제를 해결하기 위해 핵심 가치가 특정 고객에게 전달되고, 그 과정에서 수익이 창출되어 사업이 지속되는 원리야. 그래도 쉽게 이해가 안 가지?"

"제 사업의 흐름과 구조는 머릿속에 그려지고 대략적인 사업의 흐름과 관계도 다이어그램으로 그려 볼 수 있을 것 같아요. 그런데 비즈니스 모델이라는 양식에 맞추려니 제 사업 의도를 담아내지 못할 것 같아요."

"국내에서는 『비즈니스 모델의 탄생』에서 소개된 '비즈니스 모델 캔버스'가 널리 알려졌어. 나 대표가 말한 양식이 9개 블록으로 구성된 캔버스일 거야. 이후 실리콘밸리에서 린 스타트업 방법론이 주목받으면서, 비즈니스 모델 캔버스를 스타트업 환경에 맞게 수정한 버전이 등장했지. 예를 들면, 애시 모리아가 『린 스타트업』에서 제안한 '린 캔버스'가 대표적이야. '비즈니스 모델 캔버스'에서 힌트를 얻은 '린 캔버스'이지만 목적과 용도로 볼 때, 초기 기업이라면 '린 캔버스'가 더 적합하다고 생각해. 그래서 나 대표에게도 '린 캔버스'를 기준으로 이야기해 주려고 해."

※비즈니스 모델 캔버스는 Alexander Osterwalder와 Yves Pigneur가 개발한 프레임워크로, CC BY-SA 3.0 라이선스를 통해 제공됩니다(https://strategyzer.com).

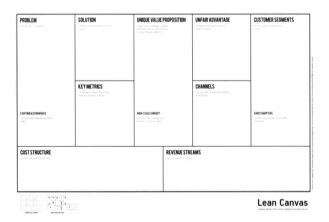

※린 캔버스는 Ash Maurya가 변형 및 수정한 프레임워크로, CC BY-SA 3.0 라이선스를 통해 제공됩니다(https://www.leanfoundry.com).

그림 7 비즈니스 모델 캔버스(상) 및 린 캔버스(하)

"제가 전에 작성해 보았던 '비즈니스 모델 캔버스'랑 비슷할 줄 알았는데, 구성 요소가 다르네요. 약간 차이는 있지만 제가 준비했던 내용이 다 들어 있는 듯하여서 다행이네요."

"나 대표가 그동안 고민도 많이 하고 분석한 결과물이 머릿속과 자료로 축적되어 있어서 린 캔버스를 채우는 건 일도 아닐 거야. 대신 9개의 칸과 12개의 구성 요소가 있는데, 작성할 때 왼쪽 끝에서 오른쪽으로, 위에서 아래로 내려가지는 않아. 나 대표는 어디서부터 채워야 할지 알겠지?"

"네, 가장 먼저 대상 문제→세분화된 고객→고유 가치 제안→솔루션 순으로 흘러가면 되지 않을까 생각이 드네요."

"맞아, 그런 논리로 채워 가 보면 어렵지 않을 거야. 책이나 린 캔버스 홈페이지에 접속해 보면 템플릿이 있는데 작성 순서를 볼 수 있어. 그렇게 권장하는 작성 순서가 있지만 창업가 혹은 사업 아이템에 따라 차이가 있을 수도 있겠지. 나 대표의 논리에 기반하여 순서대로 빈칸을 채워 보는 것도 괜찮다고 생각해. 나머지 고객 접점을 위한 채널이나 수익 구조, 비용 구조, 핵심 지표는 검증이 끝나고 작성해도 늦지 않아. 린 캔버스를 구성하는 빈칸의 크기는 작아도 이 작은 칸을 채우기 위해서 그동안 투입했던 시간과 고민, 추가적인 분석이 필요하다는 사실을 잊어서는 안 돼. 한칸 한칸 관련 내용을 써 내려가기 위한 재료로 나 대표의 창업 노트와 그동안 정리한 프레임워크가 엄청 유용하다고 느낄 거야. 물론 나중에 시장 검증 이후에 또 수정될 수 있으니 항상 유연한 태도를 가져야 해."

"네, 이번 주 숙제는 생각보다 쉽게 끝날 듯하네요."

"기본적으로 논리 구조와 흐름으로 구성되어 겉으로 볼 때 작성하기 쉬울 텐데, 아직 비용 구조와 재무 계획은 아직 해 보지 않았기에 어려움은 있을 거야. 일단 다음 주까지 린 캔버스를 최대한 채워 본 뒤에 고객과 수익의 관계를 구조적으로 볼 수 있는 다이어그램도 그려 볼 수 있을 거야. 그리고 비용 구조를 분석까지 하면 나 대표의 사업 계획을 위한 기획이 막바지에 이를 거야."

"일단 빈칸을 보면 채우고 싶은 욕구가 생기는데, 칸 채우기가 중요한 것이 아니네요."

"표 내용을 보면 알다시피, 그동안 다루어 왔던 내용인 것을 알 수 있어. 고객과 핵심 고객의 문제, 고객의 고통을 명확하게 정의하는 거야. 그러면 이 문제를 어떻게 해결할 것인지 솔루션 제시가 핵심이 되겠지. 또한 고객의 수요에 부응하려면 고객에게 줄 가치는 무엇인지,

그리고 기존 경쟁 시장의 현황은 이러한데 차별성을 무엇으로 부각할 것인지 고민해 봐야겠지. 사업을 영위하기 위해서는 수익화 전략이 있어야 하고 이윤이 생각하기 위해서는 비용 구조의 이해가 필요해. 여기서 끝나지 않아. 사업을 할 때 무조건 앞만 보고 갈 수 없으니 방향성과 계획, 목표가 있어야 하니 지표를 설계해야 하고. 이렇듯 일련의 과정이 일목요연하게 정리가 될 거야. 간혹 이 그림을 사업계획서나 IR 자료에 그대로 복사―붙여넣기 하시는 분도 계시던데 성의 없이 보이거나 내용이 부실하면 투자자나 심사위원에게 감점이 될 수도 있지. 남에게 보여 주는 용도보다 비즈니스를 둘러싼 요소의 관계와 순환을 고민하는 도구로 활용해 봐. 그리고 나 대표의 초기 사업 흐름을 선명하게 그려 보고 발전시키면서 사업의 요소를 재정립할 수 있어."

"사람들이 BM, BM 하는데 사실 저도 명확하게 정의하기 힘들더라고요. 그럼 저는 비즈니스 모델을 고객 문제를 찾아서 해결 방안을 제시하고, 시장과 타깃 고객을 설정하여 가치를 전달하는 과정으로 이해하겠습니다. 물론 수익 창출 과정에서 여러 요소와 관계가 있을 것이고 이를 활용하여 지속적인 사업을 만들어 가는 모습을 보여 주는 대시보드로 알겠습니다."

나도한의 대답에 제대호가 흐뭇한 표정을 지으며 말했다.
"나 대표처럼 자신이 정한 기준과 정의가 매우 중요해. 특히 창업가

에겐 말이야. 물론 남들과 비교하여 다르거나 잘못된 방법일지 몰라
도 실패를 배워 나가며 개선해 나가는 거지. 실제 사업을 수행하거나
지원사업계획서나 신청서 등을 쓸 때 논리 구조가 중요하거든. 그럴
때 오늘의 논의한 개념을 간략하게나마 활용하면 좋아. 나 대표도 이
관점에서 한번 정리해 보면 지금 사업 아이템의 구체화에도 도움이
될 거야."

나도한의
'린 캔버스'의 활용법

비즈니스 모델 캔버스(Business Model Canvas)는 기업의 비즈니스 모델을 시각적으로 정리하고 분석할 수 있는 도구로, 기존 기업뿐만 아니라 초기 기업에서도 전략적으로 활용할 수 있다. 한편 린 캔버스(Lean Canvas)는 비즈니스 모델 캔버스를 변형하여 린 스타트업(Lean Startup) 방법론을 적용한 프레임워크이다. 초기 스타트업의 불확실성을 줄이기 위해 문제와 솔루션, 핵심 지표 등을 강조하며, 기존 비즈니스 모델 캔버스보다 실험과 시장 검증을 강조한다. 나도한의 창업 과정에서도 이러한 방법론을 활용하였다. 사업 아이템을 구체화하기 위해 고객, 문제, 솔루션, 시장세분화를 분석한 후, MVP(Minimum Viable Product)[9]를 제작하고 시장 검증을 진행하고자 한다. 시장 검증 결과, 정량적 · 정성적 데이터를 바탕으로 사업 추진 방향을 검토하고, 필요에 따라 피봇(Pivot)[10]을 할지 의사결정이 이루어진다.

9　MVP(Minimum Viable Product)는 제품이나 서비스의 핵심 기능을 제시하여 실제 고객의 반응을 검증하고 시장 적합성을 평가하기 위해 제작된다. 시제품(하드웨어 등)이나 소프트웨어 · 서비스 같은 무형의 형태로 제공될 수도 있고, 때로는 단순한 실험(예: 제품소개 영상, 랜딩 페이지) 형태로 구현할 수 있다. MVP를 통해 고객 피드백을 반영해 개선하고 확장하며, 최소한의 비용과 시간으로 빠르게 시장수요를 확인하는 것이 핵심이다.

10　스타트업이나 사업에서 기존의 비즈니스 모델이나 경영 전략을 수정하거나 방향을 전환하는 과정이다. 시장 검증, 수익 모델의 문제, 고객 피드백 등을 반영해 제품이나 서비스를 조정하거나 변화시키는 것을 의미한다. 일반적으로 초기 기업이 고객의 수요를 더욱 효과적으로 충족하기 위해 실행하는 전략적 결정으로 볼 수 있다.

문제

비즈니스 모델에서 가장 중요한 부분은 고객과 고객이 안고 있는 문제이다. 주로 고객의 페인 포인트로 고객의 고통—불편—불안의 존재가 없으면, 고객이 구매가 이어지지 않는다. 물론 애플과 같이 페인 포인트와 상관없는 혁신적인 제품 출시를 통해 새로운 시장을 창출할 수 있지만 인력, 시간, 자원이 부족한 신생 기업이 새로운 시장을 형성하기 위해서는 많은 어려움이 뒤따른다. 명확한 고객 문제가 설정되지 않았다면 시간이 걸리더라도 다시 돌아가 고민해 보는 게 필요하다.

목표 고객

최근 우리 사회는 '나노사회' 또는 '핵개인의 시대'로 지칭되고 있다. 나이, 성별, 지역에 따라 수요도 달라지므로 사업 아이템의 맞춤화된 고객 설정이 필요하다. 이를 위해 페르소나 분석, 시장세분화, 코호트 분석을 통해 고객의 고통 강도가 크며, 시장 규모 및 고객 가치 크기를 고려한 타깃을 선정하여 핵심 고객층을 명확하게 설정할 필요가 있다. 목표 고객이 누구인지 따라 제품 및 서비스의 디자인과 콘셉트, 마케팅 전략이 완전히 달라질 수 있다.

가치 제안

궁극적으로 문제를 안고 있는 고객이 문제를 해결하기 위해 제품이나 서비스를 구매할 수 있는 요인이 필요하다. 기존 경쟁사 제품이나 서비스와 차별성이나 특징이 없으면 그 누구도 쉽게 구매하지 않는다. 창업가는 목표 고객에게 특별한 가치와 혜택을 제공해야 한다. 이를 위해서는 고객의 근원적인 문제에 기반한 차별적인 대안이 필요하다. 기존 솔루션의 분석, 고객세분화에 따른 시사점, 창업가의 고민이 녹아든 가치를 제시해야 한다.

상위 개념

창업가의 제품이나 서비스를 이용하는 고객이 이해할 수 있도록 특징과 콘셉트를 간략하게 제시한다. 자칫 추상적이거나 진부할 수도 있다는 생각에 그 어떤 내용도 채우지 못하는 경우가 많다. 창업가가 생각하는 사업 콘셉트를 아주 간략하고 간결하게 제시한다. 처음에는 부족하더라도 BM 고도화 및 고객을 만나며 상위 개념의 콘셉트는 명확해지므로 이후에 수정해도 늦지 않다.

솔루션

목표 고객을 설정하고 고객의 문제도 확인하였다. 그리고 기존 솔루션인 제품이나 서비스도 분석하였다. 객관적으로 고객의 문제와 기존 솔루션을 자세히 살펴보았다면 고객의 문제를 해결하지 못한 기존 솔루션의 한계도 알 수 있다. 고객의 페인 포인트에 대하여 기존 솔루션이 해결하지 못한 고객의 고통을 해소할 수 있는 차별적이고 현실적인 대안을 제공한다.

채널

창업가와 고객이 만날 수 있는 접점이다. 이를 알기 위해서는 페르소나 분석, 고객세분화를 통해 명확한 고객 설정과 고객의 주요 동선을 파악하는 분석이 중요하다. 나의 고객이 오프라인 혹은 온라인에 있는지, 주로 활동하는 곳이 어디인지, 경쟁사는 어디에서 주로 활동하고 있는지 확인한다. 고객과 접촉하는 다양한 방법이 있으나 우리의 목표 고객이 누구냐에 따라서 채널의 범위는 좁혀지며, 가장 효과가 높은 채널에 집중한다.

비용 구조와 수익원

고객의 문제를 해결할 획기적인 아이디어가 있더라도 과도한 비용이 예상된다면 사업을 지속할 수 없다. 또한, 매출이 높더라도 지출이 수입을 초과하면 결국 폐업에 이를 수 있다. 이렇듯 비용과 매출은 사업의 지속 가능성을 결정하는 핵심 요소이며, 회계 지식이 부족하더라도 비용 구조와 수익원에 대한 명확한 이해는 필수적이다. 경쟁사의 재무제표, 특히 손익계산서를 분석하여 수익과 비용의 구성을 확인하는 벤치마킹이 유용할 수 있다. 자세한 내용은 다음 장에서 다룰 재무 추정에서 설명한다.

경쟁 우위

기존 솔루션이 제공하지 못한 한계를 극복하여 새로운 획기적인 솔루션을 제시하였더라도 또 다른 후발주자가 나타날 수 있다. 아무리 좋은 제품과 서비스도 경쟁이 심화하면 기업의 위상이 흔들리고 위기에 봉착한다. 실제로 비슷한 사업 아이템이 너무 많고, 창업경진대회나 IR 데모데이에서 카피캣을 흔히 볼 수 있다. 따라서 창업가는 성벽을 둘러싼 구덩이에 물을 채워 외적의 침입을 막는 '해자(垓子, moat)'처럼 경쟁 우위를 확보해야 한다. 다른 경쟁자가 침범하지 못하는 창업가의 경험과 역량, 네트워크, 기술력에 기반한 특허 보유 등 창업가만이 가진 방어막이 필요하다.

핵심 지표

효율적인 사업을 위해서 목표를 설정할 수 있다. 초기 창업가는 추상적인 사업 목표를 설정하기보다 사업의 특성 반영하여 사업의 지속적인 운영과 성장과 관련 있는 매출과 관련된 요인을 우선순위로 분석할 필요가 있다. 매출액을 높이는 데 필요한 요인을 정리하고 이를 달성하기 위한 지표 설계가 중요하다. 매출의 구성 요인은 다음 장에서 다루게 되며 SaaS(서비스형 소프트웨어) 및 플랫폼 기업에서는 흔히 해적지표라고 하여 AARR지표를 활용하기도 한다.

[참고] AARRR 프레임워크 (Pirate Metrics, 해적지표)

- Acquisition(이용자 획득): 고객 유입 (회원가입, 앱 다운로드, 웹사이트 방문 등)
- Activation(이용자 활성화): 사용자가 제품이나 서비스를 적극적으로 사용하기 시작하는 단계 (첫 로그인, 장바구니 담기, 첫 구매 등)
- Retention(유지): 일회성 이용이 아닌, 사용자가 지속적으로 재방문하거나 반복적으로 서비스를 이용하는 단계
- Referral(추천): 고객이 제품이나 서비스를 친구 또는 지인에게 추천하여 새로운 이용자가 유입되는 단계
- Revenue(수익, 매출): 사용자가 제품을 구매하거나 유료 서비스로 전환하는 단계

06. 나도한의 창업 노트: 린 캔버스

문제 (Problem)	솔루션 (Solution)	고유 가치 제안 (Unique Value Proposition)	경쟁 우위 (Unfair Advantage)	고객군 (Customer Segments)
• 기술과 트렌드 가 너무 빠르게 변화 • 현업에서 즉시 활용할 수 있는 노하우, 팁, 정보 획득 • 시간과 비용 소 요, 강사 · 콘텐 츠 퀄리티에 대 한 신뢰감 부족	• 직장인 중심의 정보/지식/ 노하 우 콘텐츠 공유	• 짧고 축약된 지 식 공유 콘텐츠 생산 및 거래 • 사용자 평가에 의한 콘텐츠 유료화 • 정보 제공자와 이용자의 역량 성장 기회	• 실무와 거리가 먼 강사, 크리에 이티브가 아닌 현 업에서 활용되 는 지식과 정보 가 커뮤니티에 서 공유 • 강의, 전자책, SNS 등 대비 시 간과 비용 절감	• 자기계발과 역 량 향상에 관심 이 높은 IT, 마케 팅, 디자인, 전 략기획 등 2030 직장인 (고객) • 콘텐츠 제작을 통해 성장하고 브랜딩을 하고 싶은 2030 직장 인 (이용자)
기존 대안 (Existing Alternatives)	핵심 지표 (Key Metrics)	상위 개념 (High-level concept)	채널 (Channels)	선각 수용자 (Early adopters)
• 온라인 강의 플 랫폼 • 블로그, 커뮤니티 • 유튜브, SNS 등	• 이용자 수 • 고객 수 • 콘텐츠 수 • 유료 콘텐츠 제 작 수	• 실무에서 바로 활용되는 지식 공유 커뮤니티 플랫폼	• 직장인 관련 커 뮤니티 • SNS	• 개인 브랜딩을 희망하는 정보 제공자 • 자기계발과 새 로운 트렌드, 지 식에 관심이 많 은 직장인

비용 구조 (Cost Structure)	수익원 (Revenue Streams)
• 콘텐츠 생산자 공통 교육 • 유료 콘텐츠 제작 지원 • 플랫폼 운영 비용 • 콘텐츠 지급 수수료	• 기본적으로 무료 콘텐츠 제공 • 월간/연 단위 프리미엄 구독 • 유저 추천에 따라 유료화된 콘텐츠 (2,000원~10,000원 내외) • 플랫폼 간 제휴 및 광고 수익

Framework Lean Canvas (Ash Maurya)

문제 (Problem)	솔루션 (Solution)	고유 가치 제안 (Unique Value Proposition)	경쟁 우위 (Unfair Advantage)	고객군 (Customer Segments)
	핵심 지표 (Key Metrics)	상위 개념 (High-level concept)	채널 (Channels)	
기존 대안 (Existing Alternatives)				선각 수용자 (Early adopters)

비용 구조 (Cost Structure)	수익원 (Revenue Streams)

3.

재무 추정으로
성공과 실패를 예측하자

독서 모임 전, 제대호는 카페에서 혼자 책을 읽고 있는 나도한을 발견하고 자리에 앉기 전 무슨 책을 읽고 있는지 살짝 확인했다. 재무제표와 현금흐름표가 그려진 것으로 봐서 회계 관련 서적을 읽고 있나 생각했다. 어쩌면 몇 해 전 자신이 하던 행동을 그대로 하고 있어 웃음이 났다.

"회계와 관련된 책을 읽고 있구나?"

"네, 제가 주로 하는 업무는 재무 또는 회계와 관련이 없어 그동안 사실 매출액이나 영업이익 등의 개념만 알고 회계 지식이 매우 부족합니다. 안 그래도 오늘 비용 구조를 이야기해 주신다고 하셔서 이해를 잘해 보려고 며칠 전부터 두어 권 보고 있습니다."

"예전 직장에서 업무 범위가 넓어지니 회계와 재무 지식이 필요하여 관련 책을 많이 읽었어. 이후에도 자격증 공부를 위해 구매한 회계학 교과서는 정말 어려웠지. 그래서 쉬운 책을 골라 읽으면서 흐름을 잡고 이해했어. 하지만 업무에 적용을 안 하니 용어와 개념을 금방 잊어버리게 되더라고. 하지만 나 대표는 앞으로 이런 책을 많이 읽고 이해가 필요해. 회사 설립 초기에는 회계를 담당하는 직원을 채용하기 어려워. 물론 회사 규모가 작을 때는 회계로 인한 문제가 크게 나타나지 않겠지만 말이야. 혼자 부딪히면서 배우면서 처리해야 될 일이 있을 거야."

"회사를 설립하기 전에 일당백의 심정으로 회계와 마케팅 등은 미리 숙지하려고 합니다."

"좋아, 나 대표는 항상 배우려는 태도가 아주 좋아. 하지만 회사 규모가 커질수록 대표가 모두 할 수 없다는 것을 잊지 말아야 해. 그리고 회계와 재무는 개념이 달라. 나중에 회사를 운영하고 점진적으로 기업이 성장하게 되면 그 차이를 알게 될 거야. 오늘은 심도 있는 이야기는 하지 않을 거고 사업 계획에 필요한 재무 이야기를 할게. 회계와 재무에 관한 이야기를 하다 보면 자칫 투자 등 다른 영역으로 흘러가거나 주제가 방대해질 수 있어. 그러니 창업에 필요한 기본 소양과 배경지식 정도로 다뤄 볼게. 비즈니스 모델 수립에 필요한 재무 추정을 하기에 앞서 비용 구조를 살펴볼까?"

또다시 추정이라는 말에 나도한은 허탈한 듯 웃었다.

"아, 오늘도 추정인가요?"

"본격적으로 사업을 추진하지 않으니 아직 기업과 시장의 정보가 부족해. 그렇다고 막무가내로 덤빌 수 없잖아? 합리적인 수익과 비용 추정은 창업가의 자신감과 확신의 기준이 될 수 있어. 당연히 허황되지 않고 타당한 비용과 매출을 뽑아 봐야겠지. 그런데 지난번에 우리가 시장 규모 추정과 고객세분화를 했잖아? 그 값을 매출 추정의 데이터로 활용할 수 있으니, 일손은 좀 덜었어. 나중에 회사가 설립되면 목푯값으로 설정할 수 있는 요소들도 도출해 볼 거야. 이야기가 샜는데 오늘은 한번 나 대표 회사의 매출과 비용 구조의 요소를 차근차근 짚어 볼게. 누가 뭐라고 해도 매출이 가장 중요한 전제야."

매출

"매출은 기업의 대표자뿐만 아니라 직원 모두 아주 중요한 결과물이야. 회사의 매출이 확대되면 사장님만 기분 좋은 것이 아니야. 회사가 성장하면 급여도 올라가고 성장도 이루어질 거라고 기대할 수 있잖아. 하지만 매출이 없거나 줄어든다면 사업을 지속하는 데 문제가 발생하고 직원도 불안해질 수밖에 없어."

"우리 회사도 최근 매출과 영업이익이 떨어져 구성원들의 고민이 깊어졌네요. 정말 대표님과 임원만의 고민이 아닌 듯해요."

"나 대표의 회사는 초기 기업과 달리 현금성 자산을 많이 보유한 것으로 알고 있어. 보유하고 있는 현금으로 당분간 버틸 수 있을 것이고 혹시 문제가 생기면 사옥 매각 등을 통해 재무 건전성을 높이는 대응책이 있을 거야. 물론 지금은 떨어지는 절벽에서 보유 현금이 빠르게 소진되고 있겠지. 버틸 수 있는 자금이 모두 소진되기 전에 특별한 대책을 제시할 거야. 보통 회사에서 보유한 자금으로 생존할 수 있는 기간을 런웨이[11]라고 하는데, 혹시 불안하면 나 대표 회사의 런웨이를 확인해 보는 것도 좋을 거야. 하물며 초기 기업은 어떻겠어? 사업의 공간에서는 시간이 엄청 빠르게 흘러가는 걸 실감할 거야. 가만히 있어도 비용이 소진되는 게 보여. 직장인의 월급통장에서 카드 대금이 인출되는 허탈감과 비교할 수 있는 수준이 아니야. 안 그래도 부족한 자본이 금방 바닥나겠지. 그렇다고 나 대표가 여태껏 벌어 놓은 돈으로 메꾸는 것도 한두 번이지, 언제까지 채울 수 있을까? 아니면 누가 돈을 빌려주거나 투자해 줄 수 있을까? 감당하기도 어려울뿐더러 누군가 쉽게 빌려주거나 도와주는 사람은 없다고 보는 게 마음 편할 거야."

---

11 런웨이(Runway)라고 하면 일반적으로 활주로나 패션쇼에서 모델이 걸어가는 좁고 길게 뻗은 무대를 떠올리기 쉽다. 그러나 창업 용어에서 런웨이는 초기 기업이 현재 보유한 자금으로 생존할 수 있는 기간을 의미한다. 이때, 소진되는 현금을 번 레이트(Burn Rate)라고 한다.

"빠져나가는 돈을 미리 파악함으로써 반대로 얼마를 벌어야 할지 매출 계획을 명확하게 세우면 되겠네요? 그나저나 사업을 시작하면 절대 남들에게 손 벌리지 않을 생각입니다. 선배님 말씀대로 작게 시작해서 점진적으로 키워 가고 싶습니다."

"물론 사업을 하다 보면 자금 조달이 필요한 시기가 반드시 존재해. 그리고 플랫폼 사업의 특징인데 점진적인 성장이 어려울 수도 있어. 그렇다 보니 초기에 도약을 위하여 마중물 역할의 수혈 자금이 매우 중요하지. 그런데 아무것도 없는 초기 기업은 대출도 투자도 어려워. 보통 창업가의 시드머니나 지인 또는 가족의 지원금, 엔젤투자, 정부 지원사업 재원을 기반으로 창업을 시작하지. 하지만 매출이 발생하지 못하고 자본금만 소진되면 회사는 망할 수밖에 없어. 그 고통의 시간을 흔히 '죽음의 계곡(Death Valley)'이라고 하지."

고개를 끄덕이는 나도한을 보고 제대호는 계속 이야기를 이어 갔다.
"죽음의 계곡을 극복하기 위하여 다양한 노력과 활동이 있는데, 우리에게 중요한 것은 당장 매출이 발생하는 것이고, 이를 위해서는 뚜렷한 사업 계획 및 매출 예상이 필요해. 나 대표도 알다시피 일반적인 기업에서는 전년 성과를 기준으로 높은 매출 계획을 세우거든. 아니면 하향식으로 10억, 100억, 1,000억 등 근거도 모른 채, 회사에서 할당하지. 회사 구성원은 목표 달성을 위해 엄청나게 노력하고 스트레스도 많이 받기도 해. 가끔 창업가를 만나면 매출을 1억, 5억, 10억 이렇게 올려 치는 빙식이나 뇌피셜로 매출 목표를 설정하더라고. 대표자가 공격적으로 목표를 설정하는 것은 좋은 일이야. 도전적인 목표 설정은 잘못된 것은 아니지만 매출 추정 근거가 있어야 할 것이고, 실현할 수 있는 목표를 설정해야 매출 달성을 위한 활동이 현실적으로 이루어질 수 있겠지. 그래야 원활한 사업 영위가 이루어질 거야."

"사실 저도 사업 이듬해 매출 목표를 10억 원 정도면 좋겠다는 생각을 늘 하고 있답니다. 선배님 말씀처럼 허황되지만 그래도 꿈을 키워 보려고요. 정말 쉽지 않겠네요."

"멋진 꿈과 원대한 목표를 설정하는 것은 아주 좋아. 하지만 수입은 냉혹한 현실이야. 10억 원을 목표로 설정한 근거는 무엇일까? 초기 기업일수록 매출을 상향식으로 설정해야 해. 다시 말해, 어느 정도 성장한 기업이라면 목표 금액을 정해 놓고 각 사업 부서에 달성하라고 하달하면 끝이겠지. 하지만 초기 기업은 무작정 달려들 수 없는 노릇이야. 그러니 매출액을 설정한 근거로 타깃시장 크기와 고객으로 데려올 수 있는 목표를 설정하여 매출 목표를 잡아야 해. 그러면 매출을 구성하는 주요 요인이 파악되고 창업 기업이 어디에 집중할지 전략을 설정할 수 있어. 전에 시장 규모를 추정했는데, 나 대표 사업의 수익 시장, SOM이 중요한 기본 전제로 활용이 될 거야."

"아무래도 제 사업 아이템은 이용자의 콘텐츠가 거래되면서 얻게 되는 수수료 수익일 텐데 도무지 감이 오지 않네요. 그리고 SOM의 크기가 작다면 대책이 필요하겠네요."

"아직 쉽게 그려지지 않을 거야. 일단 나 대표가 간절하게 바라는 연매출 10억을 목표로 설정하였다면 도대체 얼마나 많은 거래가 일어나야 할까? 한 사람당 매출이 1만 원이라 가정하면 1년 동안 도대체 몇 명의 유료 고객을 확보해야 할지 생각만 해도 막막하지? 개념을 쉽게 이해하기 위해, '지식 공유 커뮤니티 플랫폼'에서 거래가 발생한다고 가정해 보자. 제품이나 서비스(프로덕트)에는 책정된 가격이 있고, 이를 구매하는 사용자가 있을 거야. 이를 토대로 매출액을 추정하는 거야. 시장 규모를 추정할 때 응용한 개념이기도 해. 기본적으로 매출액 추정은 가격(Price, P) × 판매량(Quantity, Q) 공식으로 표현할 수 있어. 이전에 시장 규모를 추정할 때도 같은 원리를 이야기했으니 기억날 거야. 하지만 산업이나 프로덕트의 특성에 따라 P와 Q 외에도 다양한 변수가 매출에 영향을 미칠 수 있어. 이커머스나 플랫폼의 경우 월간활성유저(Monthly active users, MAU), 이에 따른 구매로 이어지는 전환율, 기존 고객이 이탈되지 않고 다시 구매로 연결되는 재구매율(Retention)을 예로 들 수 있지. 이처럼 제품이나 서비스의 특성에 따라 매출을 결정하는 요인이 달라질 수 있어. 따라서, 매출을 추정할 때 이러한 요소들을 성과지표로 반영하면 더 정교한 예측이 가능해. 성과지표는 지난번 비즈니스 모델 수립에서 다뤘지? 그러면 나 대표의 '지식 공유 커뮤니티 플랫폼'에서 매출을 높이기 위해 가장 중요한 요소는 무엇일까? 가격을 올리는 것일까, 거래량을 늘리는 것일까?"

"아무래도 거래량을 높여야 하겠네요. 제가 생각했던 서비스 단가를 가격으로 생각하고, 목표 고객 수를 기반으로 목표를 곱하는 것으로 매출액 추정 방법은 이해했습니다. 이렇게 계산해 보면 연 10억 원은 비현실적인 목표가 될 것 같네요. 그리고 보니 이 과정도 일종의 페르미 추정이나 게스티메이션과 비슷하겠네요. 그동안 선배님이 하셨던 말씀이 모두 연계가 되는 듯하네요. 다시 본론으로 돌아가서 매출 발생 조건을 만들려면 콘텐츠 확보가 매우 중요한 요소가 될 것으로 생각합니다. 만약 유료 콘텐츠가 충분히 확보되었다고 가정하면 Q는 마케팅을 강화해야 할 것이고, 가격을 높이는 건 쉽지 않을 듯해요. 결국 거래가 활발하게 발생할 수 있도록 콘텐츠 수와 질이 가장 중요한 선행조건이겠네요."

나도한이 차츰 사업의 본질을 이해하고 있다는 생각에 제대호는 흐뭇한 표정을 지었다.

"목표 매출은 단순히 대표의 희망이나 각오로 정하는 것이 아니라, 매출을 결정하는 요소를 기반으로 현실적으로 예상해야 한다는 점이

야. 특히, 앞서 수행한 페르소나 및 코호트 분석에서 도출된 결과를
활용하여 상향식(Bottom-up)으로 매출 계획을 수립하는 방식을 이
해했지?"

구분	2026년	2027년	2028년	2029년	2030년
매출	P * Q	P * Q	P * Q	P * Q	P * Q
가격(P)					
판매수(Q)					
.					
.					
.					

표 1 매출 추정 사례

비용 추정

"창업가에게 가장 무서운 존재이지만 사업에서 꼭 필요한 구성 요
소가 비용이야. 비용은 크게 고정비와 변동비로 나누어져. 보통 변동
비 추정은 쉽게 할 수 있는데 고정비가 기준에 따라 애매할 수 있지.
그런데 매출이 작은 초기 기업은 아주 간단하게 구분될 거야. 이해할

수 있도록 그려 가면서 설명할게. 처음 들으면 헷갈릴 수 있으니 차분하게 듣고 기억해야 해."

"책에서 얼핏 봤습니다만, 이번에 잘 배워 두겠습니다."

제대호가 A4 종이 뒷면에 그림을 그려 가며 설명했다.

"변동비는 제품이나 서비스를 생산하는 데 드는 비용인데 매출과 함께 증가하는 특징이 있지. 예를 들면 제품 제작에 필요한 재료비, 판매 수수료, 제조 원가 등이야. 매출이 증가하면 변동비도 비례해서 증가하는 관계이므로, 매출 발생에 필수적인 비용이지. 한편, 고정비는 매출과 무관하게 일정하게 지출되는 비용을 의미해. 흔히 사업을 하는 사람들이 '숨만 쉬어도 돈이 나간다.'라고 하는데, 이 말은 주로 고정비를 뜻하는 거야. 예를 들면 인건비, 사무실 임대료, 전기 · 수도 · 통신요금, 기장 수수료, 보험료처럼 일정한 비용이 매월 고정적으로 지출되지. 그래서 보통 사장님들은 고정비 절감을 중요하게 생각해. 그렇다면 무조건 고정비를 줄이는 것이 최선일까? 흔히 부자가 되려면 합리적인 지출 습관이 중요하다고 하잖아. 회사도 마찬가지야. 초기 창업가라면 불필요한 지출을 줄이고, 과도한 고정비를 통제할 필요가 있겠지. 하지만 그렇다고 무조건 아끼기만 하면 사업의 성장과 운영이 정상적으로 운영되지 않을 수 있겠지. 회사가 움직이려면 필수적인 비용은 아주 당연하고 나중에 복지와 업무 환경도 중요한 요소야. 따라서 비용 절감과 성장 투자 간의 균형을 유지하면서 합리적인 지출 계획을 세우는 것이 핵심이야. 변동비와 고정비는 각각 다른 역할을 하지만, 기업 운영에서 두 요소가 모두 필요해."

"네, 꼭 필요한 지출을 통제할 필요가 있겠네요. 만약 변동비를 낮추게 되면 고객에게 제공되는 가치도 줄어들 수 있겠네요."

"맞아. 현실적으로 그렇게 볼 수 있지. 예전에 제조업 기업에서 제조 공정상에 혁신을 통해 변동비를 절감하는 직원에게 포상을 줬다는 이야기를 들었어. 하지만 자동차 공장에서 비용 절감을 위해 얇은 철판을 사용한다면, 고객의 안전에 심각한 위험 요인이 될 수 있어. 변동비를 줄이는 것이 반드시 좋은 전략이 아니야. 제조업을 예로 들었지만, 사업의 유형에 따라 매출의 구성 요소가 다르듯이, 변동비와 고정비도 각기 다른 방식으로 나타날 수 있어. 나 대표 사업에서는 구체적으로 어떤 비용이 발생할까? 고정비와 변동비의 차이를 이해하면 예상되는 비용 항목을 정리할 수 있을 거야. 하지만 아직 사업을 본격적으로 시작하지 않은 상태에서는 비용 구조를 예측해서 파악하는 것에 한계가 있어. 실제 운영을 하면서 기준을 설정하고 조정해야 할 부분이 많아."

"책에서 봤는데 대략적인 비용으로 인건비, 사무실 임대료, 비품,

접대비, 출장비, 서비스 개발 및 외주용역비, 마케팅 예산 등이 생각
나네요."

"나 대표가 하려는 사업에 비추어 어떤 경비가 지출될 수 있을지 예
상해 볼 수도 있는데, 가장 좋은 방법은 나 대표의 사업 아이템과 비
슷한 사업을 영위하고 있는 기업의 재무제표를 살펴보는 방법이 있
어. 기업의 매출액 정보는 쉽게 알 수 있는데 세부 내용이 잘 나오지
않아. 그럴 때는 기업 정보 제공 회사의 유료 DB를 활용하거나 발품
을 파는 경우가 있지. 외부 감사 대상 기업의 경우 전자공시시스템
(DART)[12]에서 재무제표나 사업보고서를 볼 수 있거든. 재무제표나 사
업보고서의 손익계산서를 보면 상세한 재무 현황을 엿볼 수 있는데
아쉽게도 각 항목에 대해서 친절하게 고정비, 변동비 등 어떤 비용인
지 따로 표시해 주지 않아. 그래서 비용 구조를 분석할 때는 개별 항
목을 직접 분류하면서 어느 비용이 고정비이고, 변동비인지 구분하는
과정이 필요해. 그렇게 지출 내역을 보다 보면 구별할 수 있는 눈이
생길 거야."

"다행히 지금 읽고 있는 책에서 고정비와 변동비에 관한 내용이 있
어서 참고하면 될 듯합니다."

---

12   전자공시시스템(https://dart.fss.or.kr/)

"일단 여기 도표에 간략히 정리해 보면 다음 주에 나도 같이 보면서 고민해 볼게. 나 대표는 초기 사업 단계로 보면 플랫폼 개발이나 콘텐츠 제작비 이외에 비용 구조가 크게 복잡하지 않을 거야."

구분		2026년	2027년	2028년	2029년	2030년
고정비	급여					
	퇴직급여					
	퇴직급여					
	상여금					
	.					
	.					
변동비	콘텐츠 제작비					
	지급수수료					
	광고선전비					
	용역비					
	.					

표 2 비용 구조 분석 양식

비용 구조 표를 보며 골똘히 생각하는 그를 보며, 제대호가 잠시 이야기를 멈췄다가 다시 말을 이어 갔다.

"요즘 스타트업이나 플랫폼 기업 등에서 공헌이익의 중요성이 두드러지고 있어. 공헌이익을 설명하기 위해서는 한계비용 개념을 알아두면 좋을 것 같네. 보통 플랫폼 기업은 한계비용이 낮은데, 한계비용이 낮다는 것은 프로덕트를 한 단위 생산할 때 추가로 지출되는 비용이 적다는 것이야. 가령 한계비용이 낮은 교육콘텐츠 플랫폼 기업은 유료 강의 콘텐츠를 제작하는 데 비용이 소요되지만, 이용하는 고객이 늘어난다고 해서 변동비가 비례해서 증가하는 게 아니잖아. 즉, 플랫폼 기업에서 고객이 늘더라도 비용도 같이 증가하지 않으니, 규모의 경제가 이루어지면 매출이 늘어날 거야. 이를 보기 위한 지표 중 하나가 공헌이익인데 매출액에서 고정비를 뺀 금액을 말해. 공헌이익의 수치가 고정비보다 큰 금액이 나오면 공헌이익이 좋다고 평가할 수 있어. 지금은 비록 적자이지만 공헌이익이 지속적으로 개선되면 결국 흑자로 전환할 가능성을 예측할 수 있겠지."

"당장 제 사업도 깜깜한데 공헌이익이라고 하셔서 사회에 공헌해야 하는 이익인지 알았네요. 이제 비용과 매출의 관계를 쉽게 이해했습니다."

가격

"오늘은 매출과 비용 구조까지만 이야기하려고 했거든. 하지만 매출을 추정하려면 가격에 대한 이해가 필요해. 다음에 하려다 찜찜해서 안 되겠어. 독서 모임 시작하기 전에 아직 시간이 여유가 있으니 가격을 빼놓을 수 없을 것 같네."

"가격과 관련된 국내외의 유명한 책을 읽었는데 정말 단순하게 생각해서는 안 되겠더라고요."

"실리콘밸리의 유명한 액셀러레이터이자 교육기관인 와이 콤비네이터(Y Combinator)는 스타트업의 경영과 전략과 관련하여 양질의 콘텐츠를 제공하기도 해. '챗GPT'의 아버지라고 불리는 샘 알트만도 와이 콤비네이터의 대표를 역임하기도 했어. 오늘날 많은 액셀러레이터 중에 최고의 전문성을 인정받는 곳이지. 와이 콤비네이터의 교육 영상에서 가격의 중요성을 잘 설명하고 있어. 아쉽게도 영어로 설명하지만, 창업가에게 매우 유용한 케빈 헤일의 세미나를 들어 보길 추천해. 그 강의에서 가격과 관련된 재미있는 사례를 소개하는데 회사가 노력하여 신규 고객 확보를 1% 늘렸을 때 3.32%의 결과 개선이 있었어. 그리고 고객 유지(Retention)에 자원을 1% 늘리면 6.71%의 결과 개선이 있었어. 그런데 수익화(Monetization)에 1%가 증가하였더니 12.7%의 제일 높은 결과가 나왔던 거야. 물론 가격을 올려서 매출을 높일 수 있겠지만, 소비자의 저항을 고려한다면 쉽게 결정할 수 없을 거야. 그렇다면 본질에 충실해야지. 가격을 이루는 관계에서 고객이 체감하는 가치에 충족하고 회사의 이익에 부합해야 상생 관계를 이룰 수 있다는 메시지가 아주 중요해. 이렇듯 고객과 긍정적인 관계 형성과 유지를 위하여 고객에게 제공할 가치 제공에 집중해야 한다는 점을 말해 주지."

"네, 일반적인 제조업이라면, 재료비+운송비+기타 등 제품 생산에 드는 비용을 반영하여 우리 회사 제품의 가격을 설정하고 경쟁사와 비교를 통해 적정한 가격을 산출하면 될 것 같네요. 하지만 저와 같은 서비스 기업이면 아까 말씀 주신 변동비, 고정비 등을 계산해서 가격을 대략 추정하고 경쟁사에 맞추어 전략적으로 조정해 보면 되겠네요?"

"금방 나 대표가 말한 건 혼합된 형태의 가격 결정 방법론이 아닐까 싶네. 가격은 원가와 시장, 경쟁사를 놓고 생각해야 하는데 나 대표가 말한 첫 번째 유형이 원가 가산 결정법이고 두 번째가 경쟁사 제품 기준 결정법이야. 이외에 수요 기반 가격 결정법으로 결국 우리 제품과 서비스가 시장의 수요와 공급에 비례하는 가격을 설정하는 방안이 있어."

"그동안 고객 문제에 집착하며 사업 아이템을 구상하는 단계까지는 참

재미있었는데, 시간이 흘러갈수록 창업이 쉽지 않다는 생각이 드네요."

"그래, 순탄하게 흘러가지 않겠지만 어렵다고 포기할 순 없잖아. 갈 길이 멀고 험난한 만큼 사업 아이템을 구체화하고 시장 검증이 끝나면, 가격설정을 고민해 보자고. 일단 경쟁사 가격을 기준으로 매출 추정을 해 보고 나도 그사이 가격에 대해서 조금 더 고민해 볼게. 그럼 다음 주까지 매출 계획과 비용을 구분해서 정리해 봐. 실제 초기 기업의 재무 모델 시트나 재무추정표를 보면 훨씬 더 구체적으로 나누어져 있고 지출과 모든 성과 요소가 모두 연계되어 있어. 이제 사업의 계획 단계이자 가설 설정이 이루어지는 시기이니 너무 부담 갖지 말고 나 대표 사업 계획에 맞추어 구성해 보면 될 거야."

4.

타당한 근거와 개연성으로
계획을 완성하라

나도한은 출퇴근 시간에는 지하철 안에서 창업 기업의 비용 구조를 파고들었다. 정확하지는 않으나 대략적인 매출과 비용을 구성하여 살펴보니 수익 실현과 지속성에서 의문이 들었다. 고객 문제를 명확하게 설정하고 그에 따른 백데이터 수집, 사업 계획에 기반하여 재무 추정을 반복하여 확인한 결과, 어려운 사업 모델이라는 점을 인식했다. 무엇보다 많은 회원을 유치하고 양질의 콘텐츠 확보하면서 영속적인 사업을 키워 가는 노력이 중요하다고 깨달았다. 콘텐츠 생산자와 이용자의 신뢰와 활성화가 매우 중요하며 활발한 거래가 일어날 수 있도록 많은 지원과 투자가 필요한 사업이었다.

사업계획서를 작성하며 관련 정보를 찾던 중 제대호가 알려 준 IR 피칭 가이드[13]를 살펴보았다. 회사(사업) 목적, 고객의 문제, 솔루션, 시의성, 시장 잠재력, 경쟁사 및 기존 대안, 비즈니스 모델, 팀, 재무 정보, 비전 등으로 구성된 것을 확인하였다. 그토록 제대호가 강조했던 내용들이 논리적으로 구성되어 있다는 것을 알았다. 치열한 시장에 나서기 전에 면밀한 고객분석이 선행되어야 한다는 점. 사업 흐름을 잇는 조각을 맞추어 가는 과정을 체험했다.

　사업을 위해서는 초기 자금이 절실하다고 생각되어, 그동안 고려하지 않았던 정부지원사업계획서를 훑어보았다. 예전에 잠깐 정부지원사업의 유혹이 있었으나 퇴사하더라도 사업을 신청할 수 있는 시기도 맞지 않았고 지원 사업에 기대고 싶지 않았다. 또한 제대호를 만나기 이전에는 무슨 내용을 어떻게 써야 할지 몰랐다. 여러 부처와 지원 기관에서 주관하는 정부지원사업의 계획서를 살펴보았다. 목차와 세부 내용은 조금씩 차이가 있으나 나도한이 이미 모두 고민하고 정리한 내용이었다. 당장이라도 작성하기에 어려움이 없어 보였다. 특히 예비 창업 패키지 지원 사업은 앞서 살펴보았던 해외 사업계획서 작성 방법과 비슷하게 문제 인식(Problem) → 실현 가능성(Solution) → 성장 전략(Scale-up) → 팀 구성(Team)으로 구성되었다. 물론 구체적인 세부 내용의 작성과 맞춤화된 콘텐츠가 필요하지만, 그와 함께 이야기하며 고민하며 상당 부분의 콘텐츠를 확보했다. 정부지원사업 계획서 양식에서 제시하는 구성보다 더 깊고 폭넓게 분석했다는 자부

13　Team Sequoia, Writing a Businesshttps://articles.sequoiacap.com/writing-a-business-plan

심이 들었다.

　마침 제대호가 가족여행을 떠나게 되어 이번 주말은 오로지 혼자 사업 계획을 정리하는 시간을 가지기로 했다. 제대호는 시장 검증 이후 사업 내용과 방향이 바뀔 수도 있다고 했다. 지금 단계에서 사업계획서를 미리 작성하는 것은 효율적이지 않을 수 있다는 판단에 지난 두 달간 차곡차곡 쌓아 두었던 창업 노트를 꼼꼼히 살펴보면서 보완하기로 했다. 이를 통해 '나도한의 사업 계획 Ver. 1'을 일목요연하게 한 장으로 정리해 보기도 했다. 물론 단 한 장으로 정리된 도표가 있기까지 한칸 한칸은 근거 자료와 고민의 시간이 있었기에 쉽게 채워진 것이다. 거듭 읽어 보면서 논리적으로 흐름이 적합한지, 시장과 괴리가 있는 것은 아닌지 다시 한번 점검하고 살펴보았다.

07. 나도한의 창업 노트: PSST Framework

구분		세부 내용			
문제 인식 (Problem)	고객	고객 정의 (페르소나)		고객의 문제 (페르소나의 목소리)	
		성장과 자기계발에 관심 많은 2030 직장인		페인 포인트 (Pain Point)	실무 능력 향상을 위한 시간, 비용 소요
				본질적 문제	온라인 강의 플랫폼, 유튜브 등 구조적 한계 (맞춤화된 콘텐츠 부족)
	기존 대안	특징 및 장점		단점 및 한계	
		• 온라인 강의 플랫폼: 강사 자격의 허들이 낮으며 다양한 강의 존재 • 전자책, 블로그, 유튜브 등: 충분한 자료		• 강의가 비싸거나 많은 분량의 강의 수강 어려움, 강의 품질의 편차 심함 • 실무에 적용하기에 어려움이 많거나 적절한 콘텐츠가 부족함	
실현 가능성 (Solution)	제안 대안	대상 사업화 아이템		기존 대안과 차별성 및 특징	
		핵심가치	실무 중심의 지식/정보 공유	• 실무 적합성 높음 • 기본적으로 무료로 콘텐츠 공유 (우수 콘텐츠 유료) • 이용자 평가에 따라 콘텐츠의 객관성과 신뢰성 확보	
		개요	지식 콘텐츠의 생산과 평가, 거래		
		주요 기능	지식, 정보 콘텐츠 활용 및 평가, 거래, 소통을 통한 정보 생산자와 이용자의 성장		
	실현 정도	확보된 자원 및 진척도		보완 및 개발 계획	
		• BM 수립 완료, UX/UI 설계 완료 • 예상 고객 인터뷰 및 랜딩 페이지를 통한 MVP 검증		• 인터뷰, MVP에 따른 사용자 의견 반영 • 플랫폼 개발	
성장 전략 (Scale-up)	마케팅 계획	• 직장인, IT 커뮤니티, 블로그 등 홍보 • SNS 광고			
	재무추정	• 초기 콘텐츠 및 유저 확보 계획에 따라 추후 세부 계획 추정			
	후속사업 연계	• 예비/초기 창업 지원 사업 연계를 통해 플랫폼 제작 및 고도화			
팀 구성 (Team)	인력구성	대표	경영	개발	마케팅	운영
		나도한	나도한	충원 계획	충원 계획	충원 계획

Framework PSST Framework

구분		세부 내용				
문제 인식 (Problem)	고객	고객 정의 (페르소나)		고객의 문제 (페르소나의 목소리)		
				페인 포인트 (Pain Point)		
				본질적 문제		
	기존 대안	특징 및 장점		단점 및 한계		
실현 가능성 (Solution)	제안 대안	대상 사업화 아이템		기존 대안과 차별성 및 특징		
		핵심가치				
		개요				
		주요 기능				
	실현 정도	확보된 자원 및 진척도		보완 및 개발 계획		
성장 전략 (Scale-up)	마케팅 계획					
	재무추정					
	후속사업 연계					
팀 구성 (Team)	인력구성	대표	경영	개발	마케팅	운영

Step 6 ——— 검증

질문하고
배우며
솔루션을
찾아라

아마존, 넷플릭스, 쿠팡 등 거대 기업도 고객의 의견을 묻고 반응을 살핀다. 초기 기업이 그 과정을 무시한다는 것은 엄청난 모험이다.

1.

실패하지 않으려면
고객의 의중을 파악하라

제대호는 나도한이 정리했던 자료와 사업계획서를 한 장 한 장 유심히 읽으며 페이지를 넘겼다. 이제야 문제 정의와 기존 대안 분석, 고객과 시장 분석이 제법 짜임새 있게 구성된 것을 보며 뿌듯했다. 물론 단기간에 매출을 창출하기도 어렵고, 쉽지 않은 사업 아이템이지만 시장에서 환영받는 비즈니스로 성장하길 기대했다.

그의 사업 계획을 보며 그동안 컨설팅을 하거나 사업을 도와준 창업가들을 떠올렸다. 하루라도 빨리 사업을 하고 싶어서 검증 과정을 생략하는 창업가도 있었고, 자신의 사업 아이템과 사업 계획을 확신한 나머지 준비 없이 사업에 뛰어든 이도 있었다. 그런 창업가의 교훈으로 제대호는 항상 치밀한 사업 계획과 검증 과정에서 얻게 되는 시사점을 강조했다. 하지만 많은 예비 창업가는 사업 계획과 비즈니스 모델 수립이 사업계획서 작성을 위한 형식적인 활동으로 치부했다. 많은 창업가를 만났으나 철저하게 사업을 분석하고 제대로 시장 검증을 하겠다는 사람을 만나지 못했다. 어떤 창업가는 자신의 사업 계획과 아이템의 의견을 묻겠다고 비즈니스와 상관없는 단톡방에 사업계획서를 공유하고 의견을 물어보기도 했다. 응원과 격려가 무슨 의미가 있을까? 가족, 친구, 모임 지인에게 자신의 창업 아이템을 소개하고 선 반응이 좋았다는 창업가도 있다. 실제로 제품이나 서비스를 구매할 고객의 의중과 관심을 파악하고 묻고 또 물어서 배워야 하는데 이론과 실전을 달리하는 창업가가 많은 듯했다.

시장 검증과 관련하여 씁쓸한 기억도 있다. 나도한처럼 사업 아이템 선정에서부터 사업 계획 수립까지 조언을 해 준 친한 지인의 후배였다. 체계적인 사업 분석, 비즈니스 모델 수립, 사업검증의 중요성을 공감하고 그에게 도움을 요청했다. 그렇게 몇 달 후, 우연히 참석한 IR 데모데이에서 그 후배의 발표를 보게 되었다. 힘들게 준비한 발표를 보며 대견스럽다고 생각했는데 이내 실망했다. 시장 검증을 하였으나 정량적인 결괏값을 삭제하고 광고 집행 내용만 보여 주었다. 그리고 긍정적인 예상 고객의 후기 2~3건을 자랑하는 데 그쳤다. 그 사업 아이템은 고객이 안고 있는 문제와 솔루션의 연관성이 부족하여 가설 검증으로 개선 방향을 찾아내는 활동이 절실했다. 비록 검증 결과가 좋지 않더라도 시장 검증에서 배운 시사점을 도출하여 개선 계획과 실현 가능성을 보여 주었다면 어땠을까? 그 어느 심사위원도 지워진 검증 데이터에 대한 언급과 질문이 없었고 오히려 시장 검증을 잘했다고 칭찬하는 심사위원이 있었다. 그 후배는 이후 여러 정부지원사업을 수주하고 유명 액셀러레이터를 만나 초기 투자금 유치와 멋진 보육 공간에 입주했다는 소식을 들었다. 가끔 SNS에 각종 창업 행사나 데모데이의 포토월에서 활짝 웃는 사진을 등록하기도 했다. 소식이 뜸하다가도 인터뷰 기사를 단체 문자 보내듯 카톡으로 전송하기로 했는데, 3년이 지난 현재까지 서비스 출시와 매출 발생이 이루어지지 않은 것으로 보인다.

이렇듯 시장과 수요에 대한 중요성을 인식하지 못하거나 검증 결과를 두려워하기도 한다. 또는 시장 검증을 단편적인 사업 추진의 절차나 확인 과정으로 평가절하기도 하였다. 빨리 창업을 하고 싶은 조급함, 검증 결과를 무시하는 창업가의 신념과 확신이 배움과 성장의 기회를 상실하게 한다. 다행히 최근 정부지원사업에서 정량 검증 데이터를 요구하는 경우가 늘고 있고, 꼼꼼하게 정량 데이터를 분석하는 심사위원과 투자자가 늘어난 것으로 보인다. 그렇다면 과연 나도한은 어떨까? 그는 다를 것으로 확신한다.

잠재 고객 인터뷰

나도한의 창업 노트를 모두 살펴본 제대호가 흐뭇한 표정으로 칭찬했다.

"그동안 정말 고생 많았어. 당장이라도 사업계획서를 작성하여 엔젤투자자를 만나러 다녀도 되겠어. 하지만 외형적인 요건이 중요하지는 않아. 사업의 본질과 사업이 살아 숨 쉬는 순환 구조가 매우 중요하다는 점을 잊으면 안 돼."

제대호의 칭찬에 나도한이 머쓱한 미소를 지으며 말했다.

"그동안 선배님이 계속 알려 주시고 가르쳐 주셨지요. 앞으로 시장검증도 해야 하고 부족한 점이 너무 많이 보이네요."

"맞아, 그동안 이론적으로 사업 계획을 수립했으니 이제 고객을 만날 때가 되었지? 고객의 목소리를 듣고 차근차근 보완하면 되니 조급하게 생각하지 마. 나 대표의 사업 아이템에 맞는 다양한 사업 검증 모델 중 당장 실행할 수 있는 것부터 진행해 보자고. 표적집단면접법 혹은 포커스 그룹 인터뷰(Focus Group Interview, FGI)라고 들어봤지? 그런데 사업의 페르소나를 고려해서 나 대표는 포커스 그룹 토론(Focus Group Discussion, FGD)을 하는 것이 좋겠다. 그때 예상 고객들의 의견과 조언을 귀담아듣는 기회를 만들어 봐."

나도한은 FGI를 대학원 수업에서 들어 본 내용이라 고개를 끄떡였다. 제대호도 잠시 생각에 잠기더니 말을 이어 갔다.

"사실 나도 비슷한 경험이 있는데 너무 오래된 일이네. 대학 졸업후 백수인 시절이 있었지. 그때 가끔 용돈도 벌고 다양한 경험을 할수 있는 아르바이트를 했거든. 그중 하나로 리서치 회사에서 실시하는 설문조사를 자주 갔어. 지금 생각해 보니 신제품 출시에 앞서 소비자 의견을 물어보는 자리인데 20년이 훨씬 지났네. 한 번 참석할 때마다 2~5만 원 정도 사례를 받았으니 1시간인데 꽤 괜찮은 수입이었어. 사실상 그 자리가 FGI이나 FGD일 텐데 우린 대기업처럼 리서치 회사에 의뢰할 수 없으니, 나 대표가 직접 잠재 고객에게 묻고 시사점을 얻어 봐."

"가끔 플랫폼 앱을 사용하다 보면 '오프라인 인터뷰 모집'이라는 공지글을 봅니다. 앱을 사용하면서 불편한 점이나 개선할 점을 찾는다고 하더라고요. 대충 보니깐 미리 비밀유지 계약 체결하고 30분 이내 인터뷰를 하고, 사례금을 3만~5만 원 정도 제공하는 것 같네요."

"그래, 모집하는 방법은 비슷하구나. 20년 동안 물가는 많이 올랐는데 사례비는 변함이 없네. 아무튼 이용자 인터뷰를 할 때 주의할 점은 우리 독서 모임 회원이나 지인을 동원하면 안 돼. 스타트업이나 사업 관련 커뮤니티, 나 대표 사업의 페르소나가 있을 법한 곳에 모집하는 글을 올려서 신청자를 찾는 거야. 공개적으로 SNS에 올리기엔 나 대표가 직장인이고 아는 사람도 볼 수 있으니 은밀하게 참가자를 잘 모집할 수 있을지 생각해 봐."

"네, 저도 비슷한 인터뷰에 참석해 본 적이 있어서 어떻게 진행하는지 대략 알 것 같은데, 사람을 찾는 일이 문제겠네요."

"일단 나 대표와 회사는 인지도가 전혀 없고 신뢰가 형성되지 않았으니, 사람 모으기가 쉽지는 않을 거야. 이럴 때는 보상이 필요해. 아까 말한 플랫폼보다 더 좋은 조건이면 좋겠네. 5명 내외로 사례비는 5만 원 이상으로 책정하고 1시간 정도 이야기해 보면 어떨까?"

"네, 그 정도 수준의 예산은 충분히 여유가 됩니다. 한번 시도해 보겠습니다."

"지금 단계에서는 나 대표 사업 전략은 낮은 비용으로 최대한 빠르게 사업을 검증하고 개선 방향을 뽑아내는 데 있어. 사례금도 일종의 변동비야. 나 대표의 시장 검증 비용을 의미 있게 활용할 수 있도록 미리 질문지 및 시나리오 등 철저히 준비해야 해. 그렇게 잠재 고객 인터뷰를 마치면 시사점을 정리하고 사업 계획을 수정 및 보완해야지. 그리고 구체화한 사업 아이템을 기반으로 최소 기능 제품(MVP)

을 제작하여 시장 검증을 해 볼 텐데 그때도 큰 비용을 안 들이고 사용자 반응을 확인해 볼 수 있어. 일단 나 대표의 사업 아이템과 적합성이 맞는 잠재 고객을 찾는 데 집중해 보자."

"네, 한번 FGD 참석자 확보 방법 및 홍보 스크립트를 정리해서 보여 드리겠습니다! 마치 선배님이 부장님 느낌이 나네요. 잘 준비해서 보고하겠습니다!"

미지의 고객을 먼저 만나 보기

나도한이 생각하는 고객, 예상했던 페르소나와 딱 들어맞는 다섯 분과 FGD는 다행히 순조롭게 마쳤다. 시작 전에는 막막함과 두려움도 있었다. 상상만 했던 예상 고객인 참여자를 만나 다양한 이야기를 나누다 보니 예정 시간보다 1시간이 더 초과하기도 했다. 사업 아이템에 대한 긍정적인 의견과 따끔한 피드백도 있었지만, 미처 생각하지 못했던 허점을 진단하고 개선할 수 있는 사업의 방향을 깨달을 수 있었다. 사례금으로 제공한 25만 원, 음료와 다과 비용을 모두 포함해도 30만 원이 넘지 않았다. 이 예산으로 미리 사업 검증을 하고 고민해 볼 수 있는 기회를 얻을 수 있다니. 무엇보다 미래의 고객이 될 수도 있는 이들의 의견이 의미가 있었다. 남들은 비싼 수업료라고 할 수 있으나 나도한에게는 설레고 의미 있는 시간이었다.

FGD 회의록을 찬찬히 살펴본 제대호도 만족스러운 표정을 지었다.

"예상과 달리 잠재 고객의 반응은 매우 긍정적이야. FGD 참여자가 말해 준 모든 사항을 반영할 수 없을 거야. 그래도 한분 한분의 말씀과 시사점은 매우 중요한 핵심을 짚고 있어. 전반적으로 사업 계획을 보완해야겠지만 피봇 수준은 아닌 듯하네."

"네, 잠재 고객과 미팅도 안 하고 시작하는 사업은 생각만 해도 끔찍합니다. 창업의 강을 건너기 전에 돌다리를 두드리는 기분입니다."

나도한의 밝은 표정을 보고 제대호가 말했다.

"FGD를 마치고 사업 계획을 보완한다고 해서 나 대표 사업 아이템이 완성된다고 믿는 것은 아니겠지? 이제 사업 가설을 수립하고 정말 예상 고객에게 심판받는 시간이 왔어. 전에 이야기했듯이 사업 아이템을 구체화한 최소 기능 제품. 즉, MVP를 만들어 고객 검증을 할 거야. 그런데 이번에 FGD를 해 봐서 알겠지만, 나 대표는 예산도 넉넉하지도 않고 시간도 부족해. 이제 힘들게 구상한 사업 아이템을 빠르고 효율적으로 검증을 해야 하는데 시간과 큰 비용을 들여 플랫폼을 개발한 후 고객에게 보여 주고 의견을 물을 수 없잖아? 그럴 때 프리토타입(Pretotype) 개념을 이용하면 돼."

"전에 회사에서 프로모션을 하면서 굿즈를 만들 때, 프로토타입

(Prototype)을 제작한 적이 있는데 프리토타입은 무슨 뜻인가요?"

"간단히 말해 제품이나 서비스를 만들지 않고 핵심 기능과 컨셉을 제시하는 MVP라고 이해하면 될 거야. 구글의 엔지니어링 디렉터였던 알베르토 사보이아의 경험과 인사이트를 토대로 제시한 개념인데 『아이디어 불패의 법칙』이라는 책으로도 나왔어. 제품이나 서비스를 시장에 출시하기 전에 검증의 중요성과 방법을 소개하고 있지. 또한 XYZ를 이용한 가설 설정하는 사례를 제시하는데 말 나온 김에 나 대표도 한번 그렇게 가설 설정을 해 보는 거야."

"MVP 제작은 전에도 이야기해 드렸듯이 노코드를 이용한 웹사이트 제작하는 방법을 독학했거든요. 이제 가설 설정과 시장 검증을 통해 평가받는 시간이 왔네요. 말씀 주신 그 책도 한번 읽어 보겠습니다."

"사업 아이템을 구체화하고 고객에게 검증받기 위해서는 MVP가 필요하고 나 대표처럼 노코드를 활용하여 웹사이트를 제작하여 선보일 수 있어. 하지만 최근 예비 창업팀이 늘어나고 린 스타트업 창업 방법론이 널리 퍼지며 준비가 부족한 MVP가 제작되거나 그 의미를 잃어버리기도 해. 아무리 MVP라고 할지라도 어설프게 만들어서는 안 돼. 최소한의 기능 제품이나 서비스를 구현하려면 아이디어, 기능 표현 방법, 디자인 등을 고심하고 개발해야 하잖아. 사실 그 활동도 많은 시간과 비용이 필요해. 우리로서는 최대한 리스크를 줄이기 위해서 최소 기능 또는 검증 제품(서비스)을 내놓기 전에 프리토타입을 만드는 거야."

"시제품을 만들기 전 단계에서 우리 사업 아이템이 어떤 것인지 보여 주는 수준일까요?"

"그렇지, 정확한 표현은 아니지만 껍데기만 보여 준다고 가정해 보자고. 일단 일반적인 브로셔 등 제품 소개보다 한 단계 높은 수준이면 충분해. 설명이 좀 추상적이긴 한데 최소한 고객이 웹페이지를 열었을 경우나 목업(Mockup)을 보았을 때, 어떤 제품 또는 서비스인지 명확하게 이해할 수 있어야 해. 나 대표 사업은 기계 장치 등 제품이 아니라 플랫폼 서비스이니 실체를 보여 줄 수 없잖아. 그래서 대략 6장의 카드뉴스 형태로 나 대표가 제공하는 서비스 내용을 설명하고 보여 줄 수 있는 프리토타입을 만들어 봐. 프로덕트의 외관, 기능, 주요 기능과 장점이 간결하고 명확하게 제시되어야 해. 그리고 마케팅적 요소가 매우 중요하지. 잠재 고객에게 우리 제품과 서비스를 소개하고 고객으로 이끄는 활동이 쉽지 않거든. 고객의 마음을 흔들어 페이지로 유인하고 구매의향을 확인할 수 있도록 후킹도 필요하지. 다행히 나 대표의 사업 아이템은 큰 부피와 무게를 나가는 장치나 기계를 만들지 않고도 시장 검증이 가능해. 랜딩 페이지를 구현하며 검증할 수 있어."

"랜딩 페이지라니 어떤 것인지 알겠습니다. 페이스북이나 인스타그램, 창업 커뮤니티에서 자주 봅니다."

"나 대표도 알다시피 터치 또는 클릭을 하고 싶은 콘텐츠가 있고 그냥 무시하고 지나치는 콘텐츠가 있어. 타깃으로 설정한 고객에게 광고가 도달해야 할 것이고, 그 사람이 랜딩 페이지로 들어오면 세부 내용의 관심을 유도하여 스크롤 하게 만들어야 해. 아무래도 마케팅 관점의 요소를 감안하여 카피라이팅, 디자인에 신경을 써야겠지. 그리고 궁극적으로 고객으로부터 구매의향을 확인하는 과정이 있어. 다행히 이러한 활동과 과정이 클릭률, 방문자 정보 등 사업검증 활용할 수 있는 데이터로 남겨지거든. 정량적인 데이터를 보면서 우리 사업 아이템을 검증해 보는 기회가 되는 거야. 그리고 설문조사 항목을 넣으면 정성적인 데이터도 수집할 수 있지. 한번 시장 검증을 경험해 보면 어떤 인사이트를 얻게 되는지 배우게 될 거야."

"랜딩 페이지는 시간만 있으면 제작할 수 있을 것 같은데, 제가 유의할 사항이 있을까요?"

"껍데기를 보여 주게 될 텐데, 가장 중요한 핵심적인 내용을 제시해야 사람들의 관심을 끌겠지. 껍데기는 디자인 플랫폼이나 노코드 웹사이트 제작 솔루션, 노션 등을 연계하여 쉽고 빠르게 만들 수 있어. 기술적인 요소나 제작 방법은 문제가 아니야. 짧은 시간에 한눈에 어떤 서비스인지 이해가 되어야 해. 그리고 사용자의 관심을 유도하고 이용자의 관심과 구매 의사를 확인할 수 있는 이른바 '목표 달성 버튼(Call to Action)'을 누르게 하느냐지. 그러기 위해서는 페르소나, 철저한 고객분석에 기반하여 랜딩 페이지를 디자인하고 기획할 필요가 있어."

"이제 감이 잡히는 것 같습니다."

"지금 상황에서 나 대표가 랜딩 페이지 제작이나 디자인에 집중한다면 우리가 지향하는 시간과 비용, 자원의 배분이 효율적이지 않을 수 있어. 먼저 파워포인트나 워드 등으로 간략하게 랜딩 페이지 레이아웃과 스크립트를 구상해 봐. 나 대표의 디자인 센스와 독학 실력을 보고 바로 제작할 수 있을지, 아니면 디자이너에게 의뢰할지 의사결정을 해 보기로 해. 그렇다고 비용이 많이 들지 않을 거야. 디자인 의뢰, 시장 검증에 활용할 광고 비용까지 고려하면 대략 50만 원 이하로 사업을 검증해 보는 기회야. 나중에 나 대표가 정부지원사업을 수주하든 직접 자본을 투하해서 사업을 하든 불확실성을 낮추고 시사점을 얻을 수 있잖아. 플랫폼을 제작하는 데 들어갈 비용이 몇천만 원이 소요되는데 리스크도 피하고 지속 가능한 사업을 만들어 주는 원동력이 될 거야. 물론 요즘은 디자인 제작 플랫폼이 좋아져서 창업가가 직접 만드는 경우도 많아. 아무래도 창업가의 의도가 정확하게 반영되기도 하고 콘텐츠 고민을 하면서 사업 아이템을 더욱 날카롭게 재정의하기도 하거든. 아무래도 창업가의 의도가 잘 반영되어야 하니 혹시 시간이 된다면 나 대표도 '캔바'나 '피그마' 등으로 직접 만들어 보는 시간도 유익할 거야."

"네! 잘 알겠습니다. 누구보다도 제 아이템을 제가 잘 알고 있으니 한번 정리해 보겠습니다. 지난번 FGD에서 나온 의견을 사업 계획에 반영하고 프리토타입을 만들어 보면 정말 제 사업 아이템이 명확해지겠네요."

"맞아, 지금의 과정들이 사업 계획을 그려 가는 과정이고, 실패하지 않는 사업의 비즈니스 모델 블록을 레고블록처럼 하나둘 쌓아 가는 과정이야. 다음 주에는 나 대표 랜딩 페이지 초안을 보면서 사업의 가설 수립을 같이 해 보자고."

08. 나도한의 창업 노트: 랜딩 페이지를 위한 홍보 콘텐츠 제작

직무, 트렌드, 자기계발

정보 홍수 속에 필요한 **콘텐츠를 선택하기** 어렵지 않나요?

내게 필요한 **딱 맞는 정보를 공유**하는
2030 직장인 지식 커뮤니티가 여기 있습니다.

2030 직장인 지식커뮤니케이션 **Leap Sphere**

혹시 실무에도 적용 못하고
강의팔이에 낚여 **시간**과 **돈**을 쓴 적 있나요?

직장인의 **자기계발**을 위한 **시간**과 **비용**을 아껴요.
내게 필요한 정보만 쉽고 편하게 챙겨가세요:)

2030 직장인 지식커뮤니케이션 **Leap Sphere**

자기계발과 **역량강화**에 갈증이 있나요?
콘텐츠 제작 **직장인의 성장**과 **브랜딩**을 도와드려요

스킬을 공유하고 수익창출과 브랜드 구축

2030 직장인 지식커뮤니케이션 **Leap Sphere**

2030 직장인 지식커뮤니케이션

Leap Sphere

업무와 **역량강화**에 도움이 되었나요?
합리적인 평가가 제작자에게 힘이 되어요!

정보 **수요자**에게는 **양질**의 콘텐츠 제공
정보 제공자는 **고품질 교육 콘텐츠 제작** 지원

2030 직장인 지식커뮤니케이션 **Leap Sphere**

현업에서 바로 바로 쓰는 실무 정보와 꿀팁
직장인을 위한 **지식공유** 플랫폼: Leap Sphere

좋은 콘텐츠를 우리가 평가하고 키워요!
정보 제공자와 **이용자**가 **공존**하는 **커뮤니티**

2030 직장인 지식커뮤니케이션 **Leap Sphere**

실무 노하우와 **지식**을 함께 나누며 **성장**하는
2030 직장인 지식공유 플랫폼
Leap Sphere

서비스가 출시되면 가장 먼저 알려드려요.
사전 정보 입력 시 5,000 포인트 지급해 드립니다.

이메일을 입력해 주세요

연락처를 입력해 주세요

제공해주신 정보는 서비스 알림 목적으로만 사용됩니다.
동의

새 소식 받기 →

2030 직장인 지식커뮤니케이션 **Leap Sphere**

2.

사업 검증을 위해서는
도구를 활용하자

나도한은 다양한 랜딩 페이지를 벤치마킹하고 예상 고객을 유인할 수 있는 마케팅에 관한 글을 찾아 읽어 나갔다. 제품과 서비스를 불문하고 많은 홍보 문구와 디자인을 벤치마킹하다 보니 어느 정도 유형화하여 구분할 수 있었다. '랜딩 페이지, 홍보 문구, 디자인도 트렌드와 고유의 언어가 있구나.' 경쟁 업체의 랜딩 페이지를 보니 그들이 찾고 있는 고객과 고객의 페인 포인트, 그들의 USP(Unique Selling Proposition)가 보였다. 오랫동안 사업 아이템을 고민한 그는 생각보다 쉽게 홍보 스크립트를 작성할 수 있었다.

초안을 훑어본 제대호도 만족한 듯하였다. 결과물을 보고 격려하듯 나도한에게 말했다.

"내용이나 디자인도 나쁘지 않아. 물론 제공하는 서비스를 더욱더 명확하게 인지할 수 있도록 내용 보완이 필요하고 문구가 좀 간결했으면 좋겠어. 플랫폼의 경우 예상 화면을 보여 줌으로써 구체성을 높일 수 있어. 그리고 지식 공유 플랫폼, 지식 커뮤니티 등 정체성이 분산되어 명확한 정체성 전달이 중요할 것 같아. 마지막으로 디자인은 이대로 써도 손색이 없지만 조금 더 눈에 띄고 전체적으로 맥락에 맞게끔 수정하는 거로 마무리해."

제대호의 조언에 얼굴이 밝아진 나도한이 말했다.

"안 그래도 디자이너 후배가 있어서 보여 줬더니 새로 수정해 준다고 합니다. 제가 답례하겠다는데 한사코 사업 잘되면 그때 갚으면 된다고 하네요. 말씀 주신 사항을 보완하고 후배에게 부탁하겠습니다."

"잘되었네. 다시 보니 조금 아쉬운 점은 플랫폼의 설명은 제시되었는데 어떤 서비스인지 머릿속에 명확하게 그려지지 않아. 후배에게 부탁하기 전에 구체성을 높이기 위해 예상 플랫폼의 화면구성, UI 등을 '피그마'로 그려 주는 것도 좋겠어. 말보다 시각적으로 보여 주는 정보가 전달 효과가 좋을 거야. 나 대표도 그러하듯이 고객도 추상적인 메시지보다 명확한 실체를 원하거든. 랜딩 페이지는 이쯤에서 하고 이제 검증을 위한 도구에 관해서 이야기해 볼까?"

"네, 기대하고 있습니다."

"후배가 나 대표의 랜딩 페이지 디자인을 도와주겠다고 했지? 사업을 하다 보면 많은 사람의 도움을 받고 부탁을 할 일이 많은데 절대 공짜는 없다고 생각해. 물론 내가 나 대표에게 도움을 주는 것은 예외이지만, 지난번 예상 고객들과 대화에서도 사례금을 제공한 것은 아주 당연한 거야. 나중에 후배에게 도움을 받으면 고맙다고 인사 및 소정의 사례를 하면 좋겠어. 왜 이런 말을 하냐면 열정페이 좋아하는 사장님들은 고객과 직원이 떨어져 나가는 것을 자주 봤거든. 그동안의 사례를 보면 다들 그렇더라고."

"네, 명심하겠습니다!"

"그런데 내가 말한 부분에서 뜬금없거나 논리적인 오류가 있다는 생각이 안 들었어?"

"열정페이를 좋아한다는 사장님들은 고객과 직원이 떨어져 나간다는 말씀인지요?"

"맞아, 사실 이것은 나의 주관적인 경험이고 객관적으로 증명된 사실은 아니야. 하지만 나는 그렇게 믿고 있는 거지. 이것이 옳다고 주장하기 위해서는 검증이 필요해. 이 가설의 검증을 위해 300명 ~1,000명 이상의 기업 대표를 무작위로 선별하여 열정페이를 선호하는지 묻고 그들의 경영 성과의 연관성을 분석해야 통계적으로 의미가 있는지 이야기할 수 있겠지?"

"네, 마치 연구 논문의 주제나 가설 같은 느낌이 드네요."

"그래, 나도 친구나 직장 동료의 석박사 논문을 받아 보면 이런 방법으로 연구 가설을 설정하고 이를 통계적으로 증명을 하는 것을 봤거든. 가설의 타당성을 확보하기 위해서는 검증이 필요해. 반대로 검증 결과를 제시하지 못하면 터무니없는 주장이나 논리적인 비약이 되어 버려."

비록 2차 시험은 낙방했지만, 나도한은 경영지도사 공부를 하며 마케팅조사 방법론에서 봤던 내용이 그제야 생각났다. 나도한이 고개를 끄덕이자, 제대호가 계속 이야기를 이어 갔다.
"사업 가설 이야기를 하려다가 잠시 다른 곳으로 빠졌는데, 같은 맥락이야. 연구하는 사람에게 이야기 들었는데 원인변수(독립변수)는 x, 결과변수(종속변수)를 y라고 한다고 하더라고. 가설을 기반으로 연구 모형을 만들어 설문조사를 하고, 수집된 데이터를 'SPSS'와 같은 통계 패키지 프로그램을 돌려 검증한다고 이야기를 들었어."

통계에 자신이 없어 문헌 검토로 석사학위를 받은 나도한의 표정이

흔들렸다. 이런 이유를 모르는 제대호가 고개를 갸우뚱거리며 이야기
했다.

"다행히 나 대표의 사업 가설은 연구 가설처럼 구조와 관계를 설정
하지 않고 통계 패키지를 이용하지 않아. 말 그대로 우리의 사업 가설
을 설정하고 시장 검증 데이터로 확인하는 거지. 나 대표가 했던 FGD
도 정성적인 가설 검증이고, 이번에는 알베르토 사보이아가 제시한
xyz를 이용한 시장 호응 사업 가설 방법론을 활용해 볼 거야. 여기서
xyz는 독립변수, 종속변수가 아니니 헷갈리면 안 돼. 시장 호응 가설
의 작성 방법으로 '적어도 x%의 y(예상 고객)는 z(행동)를 할 것이다.'
라고 가설을 수립하는 거야. 2023년인가? 당시 어느 고등학생이 앱을
개발하고 3일 만에 유저 7,000명을 확보한 일이 있었는데, 알베르토
사보이아의 『아이디어 불패의 법칙』을 읽고 XYZ 가설을 설정하고 검
증한 사례가 인상적이었어[14]."

안도하는 나도한을 보며 제대호가 이야기를 이어 나갔다.

"처음에는 사업 가설 설정이 어렵게 느낄지 모르겠지만, 그동안 나
대표가 준비했던 사업의 근본적인 문제 인식을 정리하는 시간으로 생
각하면 좋아. 나 대표는 왜 그 사업 아이템을 제시했을까? 그렇게 생
각했던 전제가 있었잖아. 대전제를 놓고 과연 고객이 그러한 고통이

---

14 https://disquiet.io/@khj03020302/makerlog/7844, https://www.youtube.com/watch?v
=U3BJyWSSbro

있는지 먼저 한 줄로 써 보는 거야. 그런 다음, x-y-z를 예상 고객과 행동 및 활동의 반경과 범위를 좁혀 나가며 나 대표 가설이 사업성이 있을지 가정해 보는 거야. 사실 꼭 XYZ 가설을 활용하지 않아도 돼. 나 대표의 사업 아이템의 전제를 한 문장으로 명료하게 풀어 써 보는 것도 방법이야."

"말씀 주신 가설을 쉽게 설정할 수 있을 것 같습니다. 하향식으로 좁혀 가면 되겠네요. 문제는 어떻게 제 사업이 사업성이 있을지 없을지 검증할 수 있을까요?"

"가설 설정도 하지 않았는데, 벌써 검증 방법이 궁금한 거야? 잠재 고객에게 묻는 검증 방법은 다양해. 나 대표의 사업 아이템은 최첨단 전자, 기계 장비나 바이오 기술이 아니라 구현하는데 막대한 비용과 시간이 들지 않아. 일종의 플랫폼이니 오늘 보여 준 카드뉴스 스타일의 랜딩 페이지를 조금 더 정교화할 필요가 있어. 그 랜딩 페이지만 보고도 서비스가 무엇인지 명확하게 보여 줄 수 있다면 바로 광고를 돌려 보는 거야. 일단 커뮤니티 등에 올려서 조회수와 응답 결과를 확인해 볼 수도 있고, 페이스북이나 인스타그램에 광고를 뿌려 볼 수도 있어. 광고를 송출할 때 지역과 대상, 기간 등을 설정할 수 있는데, 페르소나 분석, 코호트 분석, FGD에서 도출된 타깃 고객에 맞춰 광고를 뿌려 보면 돼. 그리고 다시 한번 FGD 대상자에게도 추가적인 연락을 해 봐도 좋겠네. 이렇게 사업 아이템의 일부 기능을 보여 주고, 고객에게 당당히 나 대표 사업의 관심 유무를 확인할 소중한 기회로 볼 수 있지. 검증 결과가 가혹할 수 있어. 하지만 개선점을 도출하기 위해 시장 반응이 어떤지 확인하는 과정이 너무나도 중요한 활동이야. 무섭다고 절대 빼먹으면 안 돼. 이제 가설 설정과 어떻게 검증 결과를 대입할 수 있는지 이해가 되지?"

이제야 자신감을 찾은 듯한 나도한이 말했다.

"디자이너 후배에게 부탁하기 전에 다시 한번 홍보 스크립트와 구성을 잘 다듬어 보겠습니다. 그리고 보니 제가 회사에서 카드뉴스로 페이스북에 광고를 한 적이 있네요. 한 달 동안 광고비를 엄청 많이 지출했는데 결과는 처참했습니다. 얼마 전 공공기관으로 이직한 직장 동료가 그곳에서 홍보 및 커뮤니케이션 업무를 하더라고요. 그 친구에게도 도움을 받을 수 있을 거 같아요."

"좋아, 그 친구에게도 반드시 사례를 해야지. 만약 공짜를 좋아한다면 직원과 고객이 떨어져 나간다는 사실을 잊지 마!"

모처럼 나도한과 제대호가 크게 웃으며 미팅을 마무리했다. 독서토론에서도 갑자기 열정페이 이야기가 나오자, 그들은 옅은 미소를 지으며 서로를 바라보았다.

09. 나도한의 창업 노트: XYZ 시장 호응 가설

구분		내용
고객이 겪는 문제		• 자기계발과 직무 역량 향상을 희망하는 직장인으로 온라인 수강이나 유튜브 등에서 관련 정보를 찾는 데 시간이 많이 소요되고 품질의 불만족 심화 • 강의의 분량이 많고 강사 및 강의 퀄리티가 낮은 경우가 많음 (불필요한 비용 지출 발생) • 콘텐츠 제작과 이용을 통해 자기계발과 성장을 이루는 직장인 커뮤니티 필요 (역량 강화 및 시너지 확대)
사업 정의		• IT/디자인/전략 기획 등 2030 직장인 중심의 실무와 관련된 콘텐츠 제공과 평가-거래-소통이 이루어지는 커뮤니티 플랫폼
페르소나 기본 전제		• IT/디자인/전략 기획 등 직무 능력 콘텐츠에 관심 많음 • 강의 수강은 시간과 비용 측면에서 부담스러움 • 실무에 바로 활용할 수 있는 지식과 노하우의 콘텐츠 필요
XYZ 시장 호응 가설	1단계	• 적어도 50%의 자기계발과 성장에 관심이 많은 직장인은(y) '지식 공유 커뮤니티 플랫폼'이 제공하는 서비스와 취지에 관심이 있어서 랜딩 페이지를 접속할 것이다(z).
	2단계	• 적어도 30%의 '직장인 지식 공유 플랫폼'에 관심을 가진 직장인은(y) '지식 공유 커뮤니티 플랫폼'에서 제공하는 기능과 커뮤니티에 관심을 가질 것이다(z).
	3단계	• 적어도 10%의 '직장인 지식 공유 플랫폼'에 관심을 가진 직장인은(y) '지식 공유 커뮤니티 플랫폼'에서 콘텐츠를 제공하거나 이용하기 위해서 개인정보를 입력할 것이다(z).

Framework XYZ 시장 호응 가설

구분		내용
고객이 겪는 문제		
사업 정의		
페르소나 기본 전제		
XYZ 시장 호응 가설	1단계	
	2단계	
	3단계	

3.

확신이 들 때까지
검증을 반복하자

제대호의 조언에 따라 3가지 방법으로 시장 검증을 실행했다. 첫 번째, FGD에 참여했던 분들에게는 콘텐츠 생산자(이용자) 관점에서 기프티콘과 함께 프리토타입과 수정된 비즈니스 모델의 검토를 부탁했다. 그들의 애정이 담긴 피드백을 받을 수 있었는데, 애매한 문구를 제거하고 구체성이 필요하다는 조언을 있어 랜딩 페이지를 수정하였다. 두 번째, 불특정 다수가 찾는 커뮤니티에 카드뉴스 형태로 프리토타입을 올려 이용자의 관심과 반응을 관찰했다. 세 번째, '메타'(페이스북, 인스타그램)에 타깃 선정을 하여 광고를 송출했다. 광고 조건으로 페르소나를 염두에 뒀다. 특정 지역의 성별, 나이, 관심사를 사업아이템의 타깃 고객에 맞추어 적합하게 설정하였다. 시장 검증 채널이 다양하면 일관성이 떨어질 수 있으므로 시장 호응 가설은 메타의 광고 결과로 적용하기로 했다.

메타를 활용한 광고가 진행되는 동안 12명의 응답자가 신규 서비스에 관심이 있다는 설문 의견과 이메일, 전화번호를 남겼다. 사실 나도 한도 많은 홍보 및 광고 페이지를 봤어도 쉽게 개인정보를 남기지 않은데 이렇게 관심을 나타내다니, 서비스에 관심을 가지고 버튼(CTA, Call to Action)을 터치하여 의견과 연락처를 남겨 주신 분들이 너무나 고마웠다.

광고를 집행한 지 일주일이 지났다. 나도한의 메타 계정에서 광고관리자 화면을 유심히 살펴본 제대호의 표정도 밝아졌다.

"사실 나 대표의 사업 아이템은 나도 잘 모르는 영역이라 걱정도 많았는데, 수요가 있다고 판단이 들어. 클릭률(CTR)[15]이 5% 이상으로 상대적으로 높다고 할 수 있지. 난 페이스북이나 인스타에 궁금증을 유발하는 광고도 터치하지 않거든. CTR이 높다는 것은 타깃팅을 잘한 영향도 있겠지만 관심도 높다고 생각할 수 있어. 무엇보다 12명이나 CTA 응답이 있다는 것은 놀라운 결과야. 이 성과를 XYZ 가설에 대응해 보면 부족한 감은 있으나, 초기 사업 아이템치고 괜찮게 나온 듯하네. 난 절반의 성공이라고 생각해. 이제 서비스에 관심이 있는 12명을 대상으로 추가적인 설문이나 인터뷰가 필요할 것 같네."

---

15 클릭률(CTR, Click Through Rate)은 광고가 클릭 된 횟수를 광고가 게재된 횟수로 나눈 값이다(클릭 수 ÷ 노출 수 = CTR). 예를 들어 클릭 수가 5회, 노출 수가 100회인 경우 CTR은 5%가 된다(Google Ads 고객센터).

"그동안 선배님이 잘 도와주신 덕분이지요. 여전히 갈 길이 멀다고 생각되네요. 그래도 반드시 사업에 성공해서 보답하겠습니다!"

"그동안 나도 즐겁게 함께 했어. 무엇보다 나 대표가 열정적으로 달려가 내가 따라가기가 힘에 부치기도 했어. 참, 나 대표에게 할 말이 있어. 반쯤 걸쳐진 소속이긴 하지만 회사에서 해외시장 진출을 위한 주요 협상과 계약 건이 있거든. 그래서 오랫동안 대표님과 함께 미국, 유럽 출장을 가기로 했어. 아무래도 출장 전에 사전 준비가 필요가 할 것 같아. 그사이 독서 모임은 참석 못 할 테고 한 달 이후에 나 대표를 볼 수 있겠네. 그때까지 사업 계획 자료를 잘 정리하고 발전할 수 있는 시간을 가져 봐. 늦은 봄에 만났는데 벌써 여름이 지나고 가을이 오고 있네. 몇 개월 후면 정말 나도한 대표가 되어 있겠는걸? 참, 그렇다고 사업 검증이 끝난 것이 아니야. 조금 더 보완하고 시사점을 찾아 봐. 지속적인 사업의 성장 전략도 필요하니 고객의 목소리를 분석하고 반영해야 해."

"네, 감사합니다. 꼭 실천하겠습니다. 선배님이 참여하시니 회사 프로젝트는 좋은 결과가 있을 겁니다. 조심히 귀국하시길 기원합니다!"

그렇게 제대호와 자연스럽게 멀어지는 시간을 맞이했다.

Step 7 ——— 실행

비상을 위한
날갯짓을 하라

초기 사업 계획은 필연적으로 부족함이 존재한다. 창업 전 여유를 만끽하며, 사업 계획을 재차 검토하자.

1.

이소를 위한
자금 상황을 점검하자

나도한은 여전히 '스텔스 창업' 또는 '사이드 프로젝트'에 동의할 수 없었다. 사람마다 가치관의 차이가 있으나 적어도 그에게는 겸직이 용납되지 않는다. 다른 사람의 명의로 법인을 설립하여 회사를 운영하는 이도 있으며, 회사 일보다 본인의 다른 일을 위해 노력하는 사람도 있다고 한다. 굳이 꼭 그렇게 해야 할까? 그런 직장인의 삶을 원하지 않았다. 그리하여 철저히 새벽 시간과 저녁, 주말을 활용한 것이다.

회사 생활은 부끄럽지 않도록 성실하게 일했으나, 드디어 회사의 위기를 보게 되었다. 금요일 오후 5시, 회사 구성원은 암울한 금요일 저녁과 주말을 맞이할 수밖에 없었다. 대표이사 명의로 희망퇴직 권고 안내 메일이 전 직원에게 발송된 것이다. 회사의 재정 상태가 급격하게 나빠졌다는 내용은 모두 다 아는 내용이지만, 희망퇴직 신청이라니. 의도하지 않게 그의 퇴사 계획이 빨라졌다.

희망퇴직 신청자는 내부 심사를 통과해야 한다고 한다. 희망퇴직자로 선정이 되면 새로운 출발을 지원하는 소정의 위로금을 지급하고 헤드헌터 연계를 통한 재취업 지원이 이루어진다고 안내되었다. 그는 심사 결과와 상관없이 퇴사하기로 결심했다. 희망퇴직 위로금과 재취업 지원은 관심이 없었고, 불안한 회사에서 자리 보존을 위한 몸부림이 싫었다. 하지만 당장 창업을 하더라도 소득의 공백이 예상되어 희망퇴직을 신청하기로 했다.

올해 말까지 근무할 것으로 계획했는데, 조금 이른 퇴사를 생각하니 오히려 나도한은 더 후련하였다. 직장인으로 충실했지만, 다른 한편으로 창업을 준비하는 자신이 당당하지 못했기 때문이다. 그럼에도 그에게는 분명 의미 있는 시간이었다. 몇 달간 제대호와 함께 고민하고 준비하지 않은 채로 창업에 나섰다면 어땠을까? 지난 몇 달 동안 틈틈이 시간을 낸 창업 공부는 후회 없이 열심히 해냈다.

퇴사와 창업은 실전이다. 창업을 위한 초기 사업 자금을 확보키로 했다. 나도한은 오랜만에 통장 잔액과 적금, 주식 투자금을 펼쳐 보았다. 큰 낭비 없이 차곡차곡 모았던 자산이 꽤 많이 쌓여 있었다. 결혼을 위해 모아 두었던 자금의 절반을 뚝 떼어 창업 자본금으로 활용하기로 했다. 정부지원사업과 투자에 의존하기 싫었으나 사업 자금이 넉넉하지 못한 만큼 전략적으로 자금을 확보하여 초기 사업의 발판을 마련해야겠다고 생각했다. 정부지원사업을 수주하여 시제품 제작 및 직원 인건비 등 사업 자금으로 숨통을 트더라도, 대표자 인건비는 지원되지 않으므로 최소의 생계 자금은 여유롭게 확보해야 한다. 무리한 지출과 소비 없이 지금처럼 생활한다면 대략 2년 동안 생계는 유지되리라고 판단했다.

'2년은 너무 길어. 최소한 6개월 이내에 나의 사업 가설을 증명하고, 1년 내 사업 성과물을 만들어 내겠어! 실패하더라도 다시 일어나는 창업가가 될 거야. 절대 사업 낭인은 되지 않겠어!'

2.

로드맵으로
사업의 미래를 그리자

출장에서 돌아온 제대호는 나도한을 보며 반갑게 인사했다.

"며칠 안 본 사이에 표정이 되게 진지해졌는데? 사업 아이템과 비즈니스 모델의 고도화가 많이 되었겠지?"

"네, 사실 선배님을 못 뵈었던 동안 회사 내부에서 많은 일이 있었습니다. 얼마 전에 희망퇴직을 신청했는데, 곧 결과가 나올 겁니다."

"아니, 세상이 어떻게 돌아가고 있는지…. 마흔도 안되었는데, 벌써 희망퇴직인 거야? 내가 그동안 퇴사하고 창업하라고 등 떠민 사람이 아니었나 모르겠네."

"안 그래도 올해까지만 일하려고 했는데, 예상보다 퇴사가 빨라졌네요. 어차피 내년 초에는 창업하려고 했지요. 기회가 왔으니 미리 준비해야지요. 아무래도 사업 자금이 부족하다 보니 매년 1월~3월 사이에 나오는 지원 사업이나 입주 공간 등 초기 창업 지원 프로그램에 신청할 준비를 하도록 하겠습니다."

"그래, 여러 지원 사업 평가위원으로 활동하면서 회의를 많이 느끼긴 했지만, 나 대표처럼 성실하게 준비한 사람은 반드시 지원 사업의 혜택을 받았으면 좋겠어. 적어도 함께 준비한 내용만 정리를 잘해도 사업 수주는 문제가 없을 거야. 방심해서도 안 되지만 지원 사업 수주에 만족하면 안 돼. 나 대표의 비즈니스는 자금과 사람, 특히 양질의 콘텐츠 확보와 회원 유입 전략이 매우 중요해. 그렇다 보니 촘촘하고 구체적인 계획이 제시되어야 해."

"네, 그동안 알려 주신 지식과 노하우를 잊지 않으면서 사업 계획은 계속 보완하도록 하겠습니다. 제 사업 아이템은 아무래도 시간도 걸리고 불확실성이 큽니다. 제 생활비는 물론이거니와 예상외로 사업 자금이 많이 소요될 것 같네요. 그동안 모은 결혼 자금도 자본으로 일부 가져오기로 했습니다. 그래서 무조건 성공해야 합니다."

불안감이 많을 텐데 호탕하게 웃는 그를 보면서 제대호는 쓸쓸한 표정으로 말했다.
"멋지고 꿈 많은 우리 나 대표가 총각 귀신이 되어서는 안 되겠지.

내가 힘닿는 데까지 도와줘야 할 텐데 말이야."

"네, 선배님도 계속 함께하시면 너무 좋죠!"

"사실 말이야, 나 대표에게 도움을 줄 수 있는 보자기의 짐을 다 풀었어. 쉽게 말해서 이제 나의 지식과 경험의 밑천이 드러난 거지. 앞으로 나 대표의 사업 아이템이 시장에 출시되면 시장 검증 결과에 상관없이 예상하지 못했던 많은 변수와 어려움을 만날 거야. 나는 그저 그러한 시련에 주저앉지 않고, 최대한 전진할 수 있는 기초 체력을 만들어 주는 데 한몫했다고 생각해. 이제 나 대표 혼자 묵묵히 걸어가야 할 시기가 왔어. 그동안 우리가 논의했던 내용을 중장기 로드맵으로 정리해 볼 수 있을까?"

나도한이 짧은 탄식과 함께 제대호를 불렀다.
"아, 선배님."

당황한 듯 놀란 표정의 나도한을 바라보면서 제대호는 계속 이야기를 이어 갔다.
"하던 이야기를 계속할게. 나 대표는 명확한 목표를 설정하고 차근차근 그 길을 향해 걸어가야 해. 중장기라고 하면 기간이 얼마일까? 시기와 범위는 사업 아이템과 아이템에 따라 달라. 바이오 기술의 경우 최소 5년에서 10년의 긴 세월이 소요되는가 하면 특정 제조업의 경우, 창업 후 바로 매출로 이어지는 일도 있어. 나 대표의 사업 아이템은 플랫폼이니 회원도 모으고 콘텐츠도 축적이 되어야 해서 초기에는 매출이 없다고 해도, 적어도 2~3년에는 의미 있는 결과가 나와야 해. 그래서 단기는 1년, 중기 2년, 장기는 5년 정도로 적절히 설정하면 될 거야."

"아, 당장 한 치 앞도 내다볼 수 없는 제게 3~5년 후의 모습을 그린다는 것이 당황스럽고 난처하긴 합니다. 당장 오늘 이야기하신 내용도 갑작스럽긴 하네요."

"당연히 단기 목표 설정도 어려울 수 있어. 하지만 로드맵이 없으면 방향과 가치를 잃어버릴 수 있어. 그리고 나 대표는 이미 대략적인 계획을 수립한 적이 있어. 예전에 재무 추정이 기억나지?"

"네, 아직도 그때 끔찍하고 골치 아팠던 순간을 잊을 수가 없습니다."

"재무 추정을 하기 위하여 사업 아이템의 매출 구조를 분해하고, 페르미 추정으로 시장 규모에 근거한 매출을 예상했잖아. 이제 그 데이터를 비즈니스 모델과 사업 계획으로 연계해야 해. 그리고 성장하기 위한 요소를 모두 뽑아내고 나열해 봐. 일정 시점에는 손익분기점을 넘기는 시기가 올 것이고 매출이 정체되는 순간이 예상될 거야. 그때 '가격을 올릴까? 아니면 콘텐츠 판매수를 높여야 할까?' 의사결정도 해야 하고 소요되는 경비와 인력, 사무실, 물리적인 커뮤니티 공간 등 인프라도 필요할 거야. 그동안 모든 근거 자료와 계획을 중장기 발전 계획에 담는 거야. 물론 사업을 추진하며 많은 변화와 예상하지 못했던 돌발 변수가 나타날 거야. 그래도 어둠 속에 등불과 지도를 보며 앞으로 나아가는 창업가와 그렇지 않은 창업가는 분명 차이가 있을 거야."

"그러면 제가 설정한 재무 추정에 근거한 데이터를 기반하여 실제 매출 계획과 마케팅, 성장계획 등을 연계하는 과정으로 이해하면 되겠네요."

"그렇지, 사업은 아주 논리적인 전개야. 문제 정의—솔루션—시장—매출 계획은 일관성을 가지고 논리적인 흐름으로 연계가 되어야 해. 당장 영업이익이 나지 않더라도 공헌이익(매출액에서 변동비를 제외한 금액)의 성장세와 이익 실현 가능성을 높이는 노력이 필요해."

"중장기 로드맵은 중장기 발전 계획이랑 비슷한 형태일까요? 회사에서 연말과 연초에 중장기 계획을 수립한 적이 있습니다."

"양식과 형태는 비슷해. 회사에서 일반적으로 만드는 슬라이드 장표는 주로 화살표로 연차별 계획과 목표가 제시되어 있는데, 상장기업의 IR 자료를 보면 잘 나와 있어. 하지만 회사나 상장기업의 IR 자료는 보는 이의 관심에 맞추어졌지. 예를 들어 바이오기업 IR 자료의 중장기 발전계획은 투자자가 관심이 있을 법한 내용이 많지. 즉, 주요 연구 개발 실적과 투자 유치, 임상시험에 대한 일정과 결과에 관한 내용이 주로 담겨 있을 테지. 회사 내부 중장기 발전 계획은 구성원의 이해도 중요하지만, 무엇보다 회사 대표가 관심이 있는 내용으로 채워질 수밖에 없어. 그런 참고 자료를 많이 살펴보면 좋을 거야."

"그리고 보니 무슨 말씀인지 알겠습니다."

"그동안은 내가 대략적인 프레임워크를 제시해 줬지만, 이번에는 나 대표가 직접 만들어 보는 시간을 가져 봐. 대신 주요 내용으로 연차별로 매출액(서비스 금액과 판매 수), 신규 서비스(제품) 론칭 시기, 인력 채용, 사무실이나 서버 도입 등 인프라 확장, 실현할 수 있거나 계획 중인 자금 조달 이슈 등을 그림으로 표현해 봐. 그렇다고 너무 걱정할 필요가 없는 것이 계획과 결과는 일치될 수 없어. 대신 가야 할 길을 명확하게 인식하고 나아가는 거지. 그리고 계속 반복해서 이야기하지만, 중장기 로드맵에 기재되는 계획과 목표는 뜬금없이 나오는 내용이 아니라 사업계획서의 내용과 동기화가 필요해."

그사이 너덜너덜해진 창업 노트를 만지며 나도한이 말했다.

"네, 그동안 손으로 그린 자료와 전자파일 등이 혼재되어 있는데, 전체적으로 자료 정리와 사업 계획을 차분히 수립하면서 중장기 로드맵을 그려 보도록 하겠습니다. 그나저나 이번 기수의 독서 모임도 오늘이 마지막인데 나중에 선배님을 뵈려면 연락드리고 찾아뵈면 될까요?"

머쓱해하는 나도한을 보며, 제대호가 웃으며 대답했다.

"물론이지. 그런데 앞으로 바쁠 나 대표가 나를 볼 시간이 있을지 모르겠네. 이제 나 대표의 시간이 왔어. 그동안 결과물을 잘 정리하면서 사업계획서를 완성해 봐. 그 사업계획서는 누구에게 보여 주기 위한 것이 아니라 나 대표만의 사업 계획이고 앞으로 계속 발전시켜 나가야 하니 버전 관리를 잘해 두면 좋을 거야. 전에 이야기했지? OSMU 전략이라고. 나중에 지원사업계획서를 작성하거나 IR 자료를 만들 때 발췌해서 사용하면 아주 유용해. 평가위원이나 투자자가 선호하는 포인트 위주로 구성하기 위한 재료가 될 테니 차곡차곡 업데이트해 나갈 거지? IR 자료도 활용할 수 있을 텐데, 투자는 먼 이야기긴 하지만 투자자가 어떤 포인트를 관심이 있는지 알게 될 거야. 맞춤화된 내용으로 IR 자료를 제공하면 투자자가 긍정적으로 검토할 수 있어."

"선배님, 그동안 너무 감사했습니다. 그래도 계속 뵈어야 할 텐데요. 자주 연락드리겠습니다."

"그러게, 나 대표 사업 도와주면서 많이 배우고 재미있었어. 그렇다고 우리 완전히 헤어지는 게 아니니깐 너무 섭섭할 필요는 없어. 출장 이후 다음 달까지 밀린 일들이 있어서 나중에 한번 사업계획서를 같이 리뷰 하는 자리를 만들어 볼게. 아니면 조만간 나 대표의 퇴직을 축하하는 자릴 만들 테니 연락 기다려!"

3.

회고하며
빈틈을 찾아보자

나도한은 회사에서 유능한 인재였으나 희망퇴직 신청률이 너무 저조한 까닭에 나도한의 희망퇴직 신청이 결정되었다. 근무 시간에는 그 누구보다 자신의 업무에 충실했으며 잦은 야근도 감내하며 일의 허점을 보이지 않은 그였다. 그래서일까? 그의 희망퇴직 신청은 동료들에게 충격으로 다가왔다. 불과 몇 달 전, 모두가 뒤숭숭했던 봄에는 불안과 긴장, 허탈감이 나도한의 얼굴에 나타났으나, 어느 순간 밝은 표정으로 바뀐 것이다.

그런 나도한을 보며 동료들은 그가 로또복권 1등에 당첨되어 퇴사를 결정한 것이 아닐까, 의심의 눈초리로 보내곤 했다. 그에게는 복권보다 더 값진 꿈을 찾았기에 30대 중반의 그는 희망퇴직을 담담하게 받아들일 수 있었다.

하지만 제대호의 미팅이 없어진 이후, 가슴 한 곳에 허전함과 불안

감이 밀려왔다. 무엇이 문제였을까? 그동안 그가 조건 없이 자신을 도
와준 이유를 뚜렷하게 알 수가 없었는데, 또 갑자기 끝나 버린 것도
이해가 안 되었다. 그렇다고 계속 함께할 수 없었다.

'어떻게 될지 모르는 나의 회사, 그가 참여한다고 해도 급여도 제대
로 드릴 수도 없고, 지분을 드려도 어디 써먹을 곳도 없겠지. 무엇보
다 미래가 보장이 안 되는 회사에 오실 일은 없을 거야.'

그래도 희망퇴직 지원금과 퇴직금을 받게 되면 맛있는 음식을 대접
하고 소정의 사례비라도 챙겨 드리겠다고 마음먹었다. 제대호에 대한
의문과 고마움을 생각하니 불현듯 제대호가 마지막으로 내 준 숙제가
생각났다. 그동안 창업 준비 결과물을 일목요연하게 정리하고 사업
계획을 짜 보는 것. 그리고 중장기 로드맵도 그려야 할 텐데. 아무래
도 그와 미팅하지 않게 되면서 느슨해진 자신을 발견했다.

창업 노트는 스캔하거나 다시 타이핑하여 종이 노트를 더 이상 쓰지
않기로 했다. 프레임워크는 오탈자, 워딩 수정, 데이터 확인 과정을
통해 사업 계획 단계별 산출물을 파일로 만들었다. 사업 계획 수립과
비즈니스 모델을 개발하면서 조사했던 시장 자료, 통계, 뉴스, 전문
자료를 '엑셀'과 '노션'에 차근차근 정리했다. 마지막으로 인터뷰와 시
장 검증에 얻은 시사점으로 사업 계획을 수정했고 재무 추정에 반영
하였다. 이렇게 정리하고 보니 제대호에 대한 고마움과 아쉬움은 커
졌다.

그의 도움을 받을 수 없으니, 마음을 굳게 먹었다. 먼저 사업계획서의 외형을 갖추고 내용을 보완하기로 했다. 추후 정부지원사업에 활용할 수 있도록 문제-해결-성장-팀구성(Problem-Solution-Scale up-Team) 기준으로 사업계획서를 정리했다. 나도한의 머릿속은 사업 계획으로 꽉 찼고 그 어느 때보다 명확해진 사업 계획을 실감할 수 있었다. 회사의 분석보고서에서 활용하던 SWOT, STP 분석도 이미 모두 고민했던 내용이라 어렵지 않게 풀어 나갔고, 내친김에 4P 분석도 처음인데 쉽게 정리했다.

마지막으로 제대호가 강조했던 중장기 로드맵 초안도 큰 고민 없이 쑥쑥 그려 낼 수 있었다.

둥지를 떠나는 아기 새

어느덧 가을이 되고 나도한의 퇴사 일자가 가까워졌다. 희망퇴직 대상자의 업무 인수인계와 책상 정리가 분주했다. 오히려 희망퇴직자의 표정이 밝았고, 회사에 잔류하는 이들이 희망퇴직자를 부러워하는 눈치였다. 회사의 분위기는 침울했으며, 나도한의 부서에서는 따로 회식하지 않고 부서원이 준비하는 작은 선물로 송별회를 대신했다. 그동안 돌발 업무로 힘들고 바쁜 날을 보낼 때 손발이 되어 준 최 대리와 마지막 저녁을 함께했다. 항상 그러하듯 최 대리는 술을 급하게 마시고 빨리 취했다.

오늘도 나도한보다 더 술에 취해 푸념하기 시작했다.

"과장님은 도대체 어떤 계획이 있으신 거예요? 모두가 제게 나 과장님이 어디로 가는지 귀찮게 물어본단 말이에요. 다른 사람은 몰라도 저한테는 갈 곳을 알려 주셔야죠. 그리고 그동안 과장님이 해 오신 거로 봐서 걱정은 안 됩니다. 하지만 다른 사람도 아니고 과장님이 먼저 그렇게 가 버리시니 남아 있는 사람들은 더욱 허탈하고 두렵답니다."

최 대리는 인성과 근무 태도는 매우 좋았지만, 2년 동안 저성과자로 낙인이 찍혀 불면증과 탈모증까지 얻기도 했다. 나도한의 결정이 이해가 안 되기도 하고 궁금했다. 그래서인지 그의 넋두리는 멈추지 않았다.

"우리 팀이나 다른 부서에 계신 분들은 나 과장님이 로또에 당첨되었거나 원래 집에 돈이 많다느니 여러 이야기를 많이 하더라고요. 그런 건 아닐 거라고 봐요. 과장님은 제게 전혀 말씀을 안 하시는데, 최근에 분명히 변화가 있었어요. 도대체 무슨 일이 있었던 거예요?"

최 대리를 위로하며 나도한이 말했다.

"사실 하나도 뚜렷하게 정해진 게 없으니, 해 줄 이야기가 없어서 그래. 나중에 잘되면 그때 꼭 연락할게. 아무렴 좋은 소식을 전해 줘야지. 내가 별다른 연락 없으면 고군분투하고 있다고 생각해. 그동안 성격 안 좋고 예민한 사수 챙겨 준다고 고마웠어."

그동안 최 대리가 업무 성과도 내지 못하고, 업무 처리가 매우 답답했으나 오늘만큼은 그를 위로하고 싶었다.

다음 날, 나도한은 비서실을 통해 마지막으로 대표이사에게 인사를 하려고 했으나 회사에 없다는 연락을 받았다. 모든 부서를 돌아다니며 마지막 인사를 마치고 짐이 담긴 큰 상자를 핸드카트에 실었다. 어젯밤 과음으로 여전히 얼굴이 빨갛고 정신을 못 차리는 최 대리와 세 살배기

남자 쌍둥이 아빠인 강 과장만 로비까지 나와 나도한을 배웅했다.

강 과장은 나도한보다 4년 선배로 임원들에게 만년 과장이라고 놀림을 받기도 했다. 퇴근 이후 쌍둥이 육아를 도와야 한다며 씁쓸히 집으로 향했다. 나도한과 마지막 저녁 식사를 함께하지 못해 영 아쉬움이 있는 듯하다.

"그동안 나 과장이 내게 큰 힘이 되었는데 이렇게 보내려니 너무 아쉽다. 잘되든 못되든 꼭 연락해. 내가 나 과장한테 많은 도움을 받았으니, 나중에 꼭 보답할게. 건강하고 행복해!"

예약한 택시가 도착하여 짐을 실은 뒤 최 대리와 강 과장과 악수를 하고 헤어졌다. 차에 몸을 실은 나도한은 회사 건물을 돌아보지도 않고 두 눈을 질끈 감았다.

그렇게 그는 회사를 떠났다. 퇴사 다음 날, 유명한 스타트업이 많이 배출되었다는 공유 오피스의 작은 공간에 입주했다. 집에서 일을 하기엔 집중도 안 될 것 같고, 창업가들의 문화와 열정을 느끼고 싶었다. 노트북과 텀블러만 간단히 챙겨 비지정 좌석인 그의 공간으로 향했다.

일주일이 지났을까? 매번 보는 사업 아이템과 사업계획서가 지겨워졌다. 사업계획서가 보기 싫을 때는 관련 산업의 트렌드 조사, 경쟁사 및 초기 기업 정보를 보았는데 그냥 시간만 보내는 듯하였다. 게다가 매일 비슷한 루틴으로 생활하다 보니 지겨움과 불안감이 엄습했다. 무엇보다 회사에 있을 때는 몰랐는데, 움직이는 자체가 지출의 압박으로 느껴졌다. 평소에는 얼마 되지 않을 것으로 생각했던 임대료, 식대, 교통비, 음료 등의 비용이 너무나도 크게 다가왔다. 큰 수입은 되지 않겠지만, 실무 감각도 유지하고 조금이나마 생활비를 벌어 보려 재능마켓 플랫폼에서 리포트나 기획서 등의 일감을 따 보기로 했다. 생각처럼 일은 쉽게 들어오지 않았고 그나마 접수된 프로젝트는 손댈 수 없는 상태의 초안과 요구사항이 전송되었다.

나도한은 당장이라도 사업을 해야겠다고 생각했다. 그나마 사업자 등록이라도 하면 사업이 진전될 것만 같았다. 개인사업자 또는 법인. 한참을 고민하고 자료를 찾아본 결과 아직 제대로 회사의 면모를 갖추지 못해서 개인사업자 등록을 하고 추후 법인 전환을 하기로 했다. 평소 미신을 믿지 않았지만, 운이 좋은 날을 확인했다. 그리고 사우나가 문을 여는 시간을 기다렸다가 아무도 없는 목욕탕에 몸을 담그고 사업 운을 빌었다. 사업자등록을 위한 세무서 위치, 필요 서류 등을 모두 준비했다. 다행히 개인사업자 등록은 법인 설립에 비해 절차와 방법이 간단했다. 그렇게 설레는 마음으로 세무서에 들어가려는 찰나, 그의 전화가 울렸다. 제대호에게 걸려 온 전화였다.

나도한의 길

짧은 순간이지만 나도한의 머릿속은 복잡해졌다. 무슨 일로 그가 갑자기 전화를 걸었을까? 지난번 사업계획서 리뷰 약속이 떠올랐다. 사실 크게 바뀐 게 없어 민망했다. 그래도 반가운 마음에 전화를 받았다.

"선배님, 잘 지내셨어요?"

"그래, 그동안 별일 없었어? 별일이라고 한다면 이제 회사는 정리했겠네. 요즘 뭐 하고 지내?"

"네, 맞습니다. 2주 전에 퇴사하고 요즘은 공유 오피스에서 시장 동향도 보면서 창업 공부와 사업계획서를 보완하고 있습니다. 제 사업계획서 보완이 정체된 것 같기도 하고 사업 속도도 내고자 일단 사업자등록을 하려고요. 안 그래도 마침 지금 세무서에 거의 다 왔습니다."

나도한의 대답에 놀란 제대호가 전화기 건너편에서 큰 소리로 말했다.

"뭐라고? 벌써 사업자등록을 하러 갔다고? 사업자등록 서류를 이미 제출한 것은 아니지? 하지 않았으면 당장 돌아와!"

"네, 이제 들어가려고 하는 찰나였습니다. 무슨 일인지요?"

"나 대표 생각도 그러했고, 나도 그동안 여러 지원 사업에 대해 부정적으로 이야기를 했지. 나 대표가 하려는 사업 아이템의 크기는 신규사업팀이나 기존 기업에서 할 수 있는 일이야. 지금 당장 혼자서 할 수 있는 일이 아니라고. 그러니깐 초기에 지원금이나 투자가 필요하단 말이야. 이렇게 사업자등록을 해 버리면, 나중에 예비 창업자 대상인 지원 사업을 신청하는 데 제한이 있을 수 있거든. 그러니깐 일단 잠시 보류하고 천천히 생각해 보라고."

"아… 네, 알겠습니다. 사실 지원 사업도 고려했지만, 내년 봄까지 기다리려니 답답해서 마음이 급했나 봅니다."

"이것 때문에 연락한 것이 아닌데 다행히 타이밍이 좋았네. 혹시 다음 주 수요일 저녁에 일정이 없으면 만났으면 좋겠는데 시간이 될까?"

"네, 요즘은 저녁 약속을 안 잡고 있습니다. 그래도 선배님 뵈려면 무조건 일정을 비워야지요. 아직 퇴직금과 위로금은 안 받았지만, 그동안 고마움을 보답하고자 맛있는 저녁을 사겠습니다."

"그래, 그날은 두둑하게 챙겨서 와야 할 거야. 약속 장소는 예약하면 알려 줄게. 참, 오기 전에 사업계획서나 그동안 정리한 사업 내용을 축약한 자료가 있으면 들고 와."

"네, 알겠습니다. 그럼 다음 주 수요일에 뵙겠습니다!"

제대호의 전화를 받은 나도한은 많은 상상을 했다. 무슨 일일까?
그동안 제대호에게 고마움을 표현하지 못했던 것도 생각났다. 혹은 제대호가 나의 사업 아이템으로 같이 사업을 하자고 이야기하려는 것은 아닐까? 갑자기 연락이 와서 사업계획서를 들고 오라니 이런저런 생각이 들었다. 예전에 함께 사업 계획 리뷰를 하기로 한 약속도 있고, 제대호를 다시 만난다는 생각에 사업계획서를 간략하게 정리했다.

일주일 뒤, 제대호가 테헤란로에 있는 식당 주소를 보내왔다. 식당에 도착하여 예약자명을 확인하고 자리를 찾았는데 이미 그는 큰 테이블에서 서너 분과 이야기를 나누고 있었다. 독서 모임 회원은 아니었고, 누구일까? 일단 그와 함께 계신 분들에게 인사를 하고 자리에 앉았다.

당황스러워하는 나도한을 보며 제대호가 자리에서 일어나 사람들에게 소개했다.

"퇴사 이후 얼굴에 얼굴 살이 쏙 빠졌네. 금방 온 친구는 제가 이야기해 드렸던 30대 중반의 희망퇴직자이자 앞으로 유망한 회사를 경영할 나도한 대표입니다."

그의 소개에 나도한도 고개를 숙이며 인사했다.
"반갑습니다. 나도한이라고 합니다."

주위를 둘러보고 어색하던 참에 제대호가 함께한 이들을 소개했다.
"우린 이렇게 가끔 모여 사업 이슈나 쟁점을 이야기하는 소모임이야. 인사해. 이분은 국내 여러 유니콘 기업과 함께한 최리라 PO[16]님이셔. 대학생 때 창업 동아리로 시작해서 지금까지 임팩트 있는 다양한 서비스를 기획하고 팀을 이끌고 계시지. 옆에 계신 분은 이지도 대표님이신데, 경영 컨설팅 회사에서 컨설턴트로 활약하고 계셔. 기업 컨설팅 및 자문, 각종 정부지원사업 평가위원으로도 활동하셔. 경영학을 전공하셔서 우리는 주로 이 박사님으로 불러 드리고 있어. 옆에 계신 분은 고직한 회계사님인데 스타트업 창업 경험도 있으시고 기업 컨설팅도 많이 하셔서 비즈니스 모델을 보는 인사이트가 엄청난 분이지. 거기다 회계, 재무, 세무, 법률 지식까지 겸비했으니, 말과 지식으

---

16 PO는 Product Owner로 스타트업 및 IT 기업에서 제품 기획과 성장을 주도하는 역할로 볼 수 있다. 프로덕트의 개발 방향을 결정하고, 기능 우선순위를 정하며, 개발팀과 협업하여 서비스가 시장에서 성장할 수 있도록 관리한다. 이러한 역할로 '미니 CEO'로 불리기도 하지만, PO는 경영보다는 제품 개발과 성장에 집중하는 포지션이며, 경영을 책임지는 CEO와는 역할이 다르다.

로는 여기 누구도 이길 수가 없어."

　나도한은 한분 한분에게 고개를 숙이며 인사를 하고 명함을 받았다.
인사가 끝날 무렵 제대호는 나도한의 사업 계획을 설명하고 사업계획
서를 테이블에 올려놓은 뒤 각자 돌려 보면서 내용을 검토하였다. 지
난번 FGD와는 달리 고수들이 사업을 바라보는 시야와 디테일이 나
도한에게는 신선한 충격이었다. 대화 중에 나도한은 한마디도 먼저
꺼내지 못하고 묻는 말에만 대답했으나 매우 흥미로웠다. 뒤늦게 합
류한 벤처캐피탈리스트(VC) 강심지 심사역이 최근 어려운 투자 이슈
와 따끈따끈한 벤처기업의 뒷이야기를 풀어놓으니 모두 귀를 쫑긋 세
우며 듣기도 했다.

　나도한의 사업 계획 논평에서 최근 사업 이슈와 경험들로 이야기가
무르익을 무렵, 제대호가 말을 꺼냈다.
　"그동안 제가 나 대표의 추상적인 아이디어와 사업 아이템을 구체
화하는 데 도움을 드렸지만, 이제 나 대표의 힘으로 혼자 사업을 일궈
가야 합니다. 힘든 창업 여정이 외롭지 않도록 여기 계신 분들께 도움
을 부탁드리고자 함께 자릴 마련했지요."

　갑작스러운 이야기에 나도한은 일어나 꾸벅 고개를 숙였고, 제대호
는 그를 바라보며 이야기를 이어 갔다.

"최 PO님은 사업 기획 스터디 모임을 운영하고 계시고 나 대표와 나이도 비슷하니 사업 기획 스터디에 참여해서 배워 보면 좋을 거야. 모임에 가서 무조건 배우고 얻어 간다는 생각보다 나 대표의 경험과 인사이트를 베풀 수 있도록 부단히 노력해야 해. 그리고 이 박사님은 지원 사업이나 멘토링 등이 있으면 나 대표 사업과 연계하여 도와줄 수 있을 거야. 나 대표와 이 박사님은 상생 관계로 협업할 수도 있어. 나중에 나 대표가 창업하게 되면 고직한 회계사님에게 세무 기장을 의뢰해서 끈을 맺어 보라고. 마치 우리 고 회계사님을 위해 영업하는 것 같지만 내게 오는 커미션은 없어. 그렇지요, 회계사님? 고 회계사님은 세무뿐만 아니라 나 대표 사업의 비즈니스 모델과 재무에 많은 인사이트를 주실 거야. 마지막으로 조금 늦게 와서 사업 이야기를 자세히 못 들었지만, 벤처캐피탈계에서 매우 유능한 강심지 심사역님도 많이 도와주실 거야. 강 심사역님이 기대하고 바라는 수준에 도달하려면 나 대표가 아주 분주해야 하고 회사를 많이 키워야 할 거야. 당장 투자 이야기를 할 수 없지만 플랫폼 산업에 대한 이해와 전략 분석 능력이 워낙 뛰어나셔서 조언을 구하면 친절하고 자세히 이야기해 주실 거야. 다들 그렇게 해 주실 거죠?"

최 PO는 나도한에게 악수를 청하며 말했다.
"안 그래도 열정이 가득 찬 스터디 팀원을 찾고 있었는데, 제 이사님한테 이야기를 많이 들어서 기대가 커요. 우리 모임에 빠지지 않고 성실히 참여할 것을 약속해야 정회원으로 가입이 된다는 점 잊지 마세요."

최PO는 손뼉을 치며 환호했고, 고 회계사, 강 심사역도 나도한을 격려했다. 이박사도 악수를 위해 손을 내밀며 나 대표를 응원했다.
"그동안 제 이사님의 칭찬에 어떤 분인지 궁금했습니다. 앞으로 사업과 관련하여 필요하거나 궁금한 점은 부담 없이 연락해 주세요."

주위를 한번 둘러보고 더 이상 소개할 사람이 없는 걸 확인한 고 회계사가 말을 꺼냈다.
"전 회계사이기 이전에 연쇄 창업가입니다. 누구보다 초기 기업의 고충과 앞으로의 어려움을 알고 있습니다. 나 대표님의 회사가 잘되어 좋은 파트너로 성장하길 기원해요. 참, 쓴소리라기보다 사업계획서를 보니 갑자기 든 생각이 있네요. 사업이 정말 쉽지는 않으리라 생각됩니다."

고 회계사의 이야기에 나도한은 짧은 탄식이 나왔다.
"아, 네…."

나도한의 표정과 상관없이 고 회계사는 계속 이야기했다.
"제 이사님도 잘 아시다시피, 저도 나 대표님과 같은 창업방법론을 기반으로 창업에 도전했거든요. 고객의 문제를 해결한다는 신념으로 열정을 불태웠죠. 하지만 최근 빠르게 변화하는 시장 환경에 부딪히면서 느끼는 이슈가 있습니다. 나 대표님의 사업 아이템처럼 시장이 협소하고 시장 참여자가 많이 없다면 그 길이 너무나 힘들고 외롭다는 점을 깨달았어요. 시장의 크기가 작고 성장 속도가 더디면 고객을 설득하고 사업을 확장하는 데 많은 시간과 노력이 필요하더라고요. 그래서 나 대표님은 사업 초기 단계에서 너무 많은 리소스와 에너지가 소모되지 않을까 생각이 드네요. 반면 헬스케어나 구독형 SaaS, AI처럼 비약적으로 성장하는 산업의 경우, 고객이 이미 페인 포인트를 명확하게 인식하고 있으며, 회사가 제공하려는 솔루션을 쉽게 이해하더라고요. 마케팅에 드는 노력, 시간, 비용이 줄어드는 것을 느꼈습니다. 그런 측면에서 나 대표님 사업 아이템은 외롭지 않을까 싶네요. 강심지 심사역님도 계시지만 투자자는 성장하고 있는 산업을 중심으로 투자하더라고요. 이건 다른 차원의 이야기입니다. 급격하게 성장하고 많은 경쟁자가 뛰어드는 시장은 레드오션일 수 있지만 오히려 빠르게 성장할 수 있는 모멘텀이 될 수 있다는 생각이 듭니다."

이제야 고 회계사의 말을 이해한 나도한이 고개를 끄덕이며 대답했다.

"네, 좋은 말씀 감사합니다. 명심하도록 하겠습니다."

고 회계사는 흐뭇한 미소를 지으며 이야기를 마무리했다.

"나 대표님이 만약 피봇 하실 때, 고객의 문제도 중요하지만 진입하는 시장과 산업 환경도 잊지 말아 주세요. 어쩌다 보니 다들 집에 가려는 찰나에 제가 말이 길어졌네요. 그만큼 나 대표님을 응원하는 마음이랍니다."

강 심사역도 사업계획서를 훑어보며 말했다.

"네, 저도 투자자 관점에서 시장의 성장성은 정말 중요하고 생각합니다. IR 자료를 검토하다 보면 참신한 사업 아이템은 분명한데, 시장이 없는 경우도 많아요. 시장이 형성되지 않았고 경쟁자가 없으니, 오히려 독점적으로 사업 영위가 가능하다며 사업성이 좋다고 주장하시는 대표님이 계시죠. 언젠가 시장은 형성되겠지만 그 사업은 너무나 지루하고 험난하다고 이야기해 드립니다. 나 대표님의 사업 아이템은 고객 문제도 선명하고 솔루션도 예비 창업가 관점에서 나쁘지 않습니다만, 존재하지 않는 시장을 갈고닦는 과정이 너무 벅차다고요. 나 대표님 사업 계획도 혹시 우려스러운 부분이 없는지 찬찬히 읽어 보고 피드백해 드릴게요. 참고로 제 조언과 멘토링이 아주 맵고 따끔해서 창업가분들이 저를 매우 싫어합니다. 그래도 나 대표님의 성공을 위해서는 꼭 필요할 수도 있으니 검토하고 연락드릴게요."

자리에 함께한 모든 사람의 인사와 격려를 듣고 제대호가 말했다.

"고 회계사님과 강 심사역님의 이야기를 듣고 있으니, 저도 많이 배읍니다. 고객의 문제도 중요하지만, 시장의 성장과 특성도 고려해야 한다는 배움을 얻어 가네요. 그나저나 나 대표는 정말 복 받은 사람이야. 여기 계신 업계의 훌륭한 분들이 나 대표의 창업을 도와주겠지만, 사실상 나 대표 혼자 핸들을 꼭 잡고 운전해야 해. 장애물을 만나거나 막다른 길에 놓여도 운전석에는 나 대표 혼자 있을뿐더러 스스로 힘으로 험난한 길을 헤쳐 가야 해. 여기 계신 분들에게는 방향에 대한 조언을 조금 구할 수 있을 뿐이야. 나 대표는 잘할 수 있을 거야. 그래도 여러분들은 제게 그랬던 것처럼 나 대표에게도 많은 도움을 주시겠지요?"

제대호가 없었더라면 여전히 갈피를 못 잡고 방황하며 사업 아이디어를 구체화하지 못했을 것이다. 그동안 그 어떤 대가를 바라지 않고 도와줬는데, 이렇게 든든한 지원군까지 연결해 주는 그가 정말 고마웠다. 나도한은 갑자기 왈칵 쏟아지려는 눈물을 애써 참으며 제대호와 자리에 계신 분들에게 꾸벅 인사를 했다.

"네, 말씀 주신 대로 아직 가야 할 길이 멀고 험한데, 그동안 선배님이 많이 도와주셔서 둥지를 떠날 수 있었습니다. 여기 계신 분들을 안다는 자체가 제겐 큰 힘이 됩니다. 좋은 기업을 만들도록 노력하겠습니다. 또한 자만하지 않고 묵묵히 제 역할을 해내겠습니다. 선배님… 아니, 제 이사님에게 감사 인사도 드릴 겸 오늘 저녁 식사는 제가 계산하겠습니다."

나 대표가 저녁을 산다는 말에 이 박사가 손사래를 치며 말했다.

"그건 나 대표님의 사업이 잘되었을 때 여기 계신 분들 다시 초대해 주세요. 우리는 앞날이 창창한, 그것도 결혼 자금으로 창업하려는 청년에게 얻어먹을 생각은 추호도 없습니다. 자칫 총각 귀신이 될 수 있는데 여기는 우리 회비로 살게요. 여기 있는 분들이 많이 도와주고 나중에 나 대표님이 잘되어서 비싸고 맛있는 음식을 대접해도 늦지 않습니다."

나도한이 머쓱한 듯이 웃으며 고개를 끄덕거렸다. 그리고 제대호를 바라보며 물었다.

"그럼, 선배님은요?"

나도한의 물음에 제대호가 웃으며 대답했다.

"나 대표는 앞으로 여기 계신 분들이 아니더라도 앞으로 많은 분의 조언과 도움이 필요할 거야. 그러니 창업가는 항상 겸손하며 고객과 도움을 주는 이들의 의견을 수용하는 자세가 아주 중요해. 그리고 나는 갈 길을 찾아가야지."

제대호의 길

제대호에게는 그들에게 말하지 못한 비밀이 있었다. 그도 희망퇴직 대상자였으나 나도한과는 다른 점이 있다. 경영진의 잘못과 실책을 고스란히 떠안게 되어 사태를 수습했으나 오히려 책임을 지게 된 희망퇴직 대상자였다. 회사에 충성했으나 자회사로 전적을 권유한 본사와 자신의 선택이 원망스러웠다. 작은 규모의 경쟁사에 매각된 것도 안타까운데 그마저도 퇴사하니 눈앞이 막막했다. 생계를 짊어진 가장이라 쉽고 빠르게 수익이 예상되는 사업 아이템을 고르고 창업에 나섰다. 지금의 나도한에게 길을 알려 주듯이, 그에게 창업을 알려 주는 그 누구도 없었다. 오로지 독학과 경험, 실패로 사업을 배워 나갔다. 힘겹게 창업을 시작하려고 했으나 현실은 냉혹했으며 그에게 혼자 일어설 기회조차 주지 않았다. 그의 사업 계획과 비즈니스 모델은 철저하게 무시당했다. 시장과 고객, 지원 사업 평가위원은 제대호의 사업에 그 누구도 관심을 보이지 않은 것이다.

그때부터 그는 창업에 관한 공부를 다시 시작했다. 관련 책도 많이 읽어 보고 창업 셀럽들의 컨퍼런스 참석, 성공한 기업의 사례를 분석했다. 그리고 창업 컨설팅, 예비 창업팀 멘토링, 정부지원사업 평가위원, 창업경진대회나 IR Day 심사위원을 하며 많은 사례를 축적했다.

꽃피우지 못한 그의 창업 시도는 아쉽지만, 큰 경험과 배움의 시간이 되었다. 그 덕분에 눈에 띄게 성장하는 후배 회사의 비상근 임원이 되어 회사가 처음 겪는 어려운 위기를 극복하는 데 도움을 주었다. 그래도 여전히 그에겐 꿈이 있었다. 이루지 못한 창업의 꿈. 그런 그는 무기력함에 빠져 이를 극복하고자 독서 모임을 가게 되었고 그때 나도한을 만나게 된 것이다.

'나도한의 사업 성공을 통해 나의 창업방법론을 검증해 보겠어.'

나도한의 사업 아이템이 견고해질 때마다 뿌듯했지만, 한편으로 허무했다. 자신이 아닌 타인을 통해 이루는 꿈이 부질없게 느껴졌다. 그 주체가 자신이 되길 희망했다.

가장의 무게와 늘어진 뱃살. 그리고 침침해진 눈. 창업은 하고 싶으나 자신이 없었다. 하지만 나도한을 보며 힘을 얻게 되었다. 사업 계획 및 비즈니스 모델보다 더 중요한 자신감과 성장 욕구가 그를 깨웠다.

늦은 퇴근길, 지하철을 타러 가는 지하상가 어느 곳에서 고소한 빵 굽는 냄새가 풍겨 왔다. 나도한이 준비한 사업 아이템, 그동안 그가 주물렀던 빵 반죽이 발효되어 곧 맛있는 빵으로 구워지겠지. 하지만 제대호는 주무르지도 못하고 굳어 버린 밀가루 반죽처럼 그의 시간을 놓치고 있었던 게 아닌지 잠시 생각에 빠졌다. 나도한이 주물렀던 빵 반죽처럼, 그도 그동안 쌓아 온 경험과 아이디어를 구체적으로 실행할 때가 되었다…. 그렇게 사업을 만들어 보고 싶은 욕구가 밀려왔다.

'**나도 한**번, 나의 길을 **제대로** 가 보는 거야!'